GUIDE

DE LA

CONVERSATION

EN QUATRE LANGUES

FRANÇAIS - VOLOF - DIOLA - SÉRÈR

Nouvelle Édition

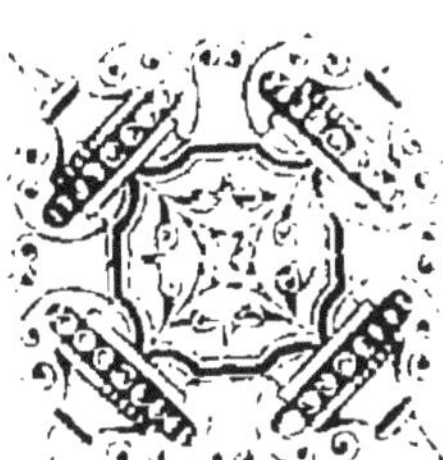

SAINT JOSEPH DE NGASOBIL

MISSION CATHOLIQUE

1907

GUIDE

DE LA CONVERSATION

GUIDE

DE LA

CONVERSATION

EN QUATRE LANGUES

FRANÇAIS - VOLOF - DIOLA - SÉRÈR

NOUVELLE ÉDITION

SAINT JOSEPH DE NGASOBIL

MISSION CATHOLIQUE

1907

Imprimatur :

Saint Joseph de Ngasobil, le 6 Octobre 1907.

† ALPHONSE KUNEMANN,
ÉVÊQUE DE PELLA,
Vicaire apost. de la Sénégambie.

ALPHABET ADOPTÉ.

A, a   comme en français.
Â, â   long, comme en français.
B, b   comme en français.
D, d   comme en français.
Ḍ, ḍ   comme *di* dans *diantre*.
Ĕ, e   comme *e* muet en français.
É, é   fermé et bref.
È, è   ouvert et bref.
Ê, ê   ouvert et long.
F, f   comme en français.
G, g   toujours dur comme dans *gaz*.
Ġ, ġ   son guttural comme *ng* en Anglais dans
     (*young* et en Allemand dans *bringen*.)
H, h   toujours fortement aspiré.
I, i   comme en français.
Î, î   idem, long.
K, k   comme en français.
L, l   idem.
M, m   idem.
N, n   idem.
Ñ, ñ   comme en français *gn* dans *agneau*.
O, o   comme en français.
Ô, ô   idem, long.
P, p   comme en français.
R, r   comme en français.
S s,   idem, n'a jamais le son de z.
T t,   comme en français.

T t,   même son que *d* mais dur, *tiers*.
U u,   comme en italien et en allemand, com-
Û, û idem, long.   (me *ou* en français.
V, v comme en français.
Y, y comme en français dans le mot *yacht*.

Observations.

1 On   prononce toutes les lettres.

2. Chaque lettre conserve toujours dans les mots, la valeur qu'elle a isolément dans l'alpha-bet.

3. Cependant, les lettres M et N devant une autre consonne, et au commencement d'un mot, ne doivent pas être prononcées comme des consonnes distinctes ; elles indiquent seulement que la consonne suivante doit se prononcer du nez.

4. Quand une voyelle s'élide, elle est rem-placée par l'apostrophe.

5. L'accent circonflexe est souvent le signe d'une contraction.

6. Il est utile de se rappeler que la pronon-ciation de bon nombre de mots varie ou se nuance diversement, suivant les différents idiomes de la même langue.

7. Il arrive aussi, comme en français d'ailleurs, que la même voyelle radicale est différemment accentuée : l'usage est le meilleur guide. — En français on dit : *régler, je règle ;* en volof *dénda* ou *dènda ;* en sérèr *rét* ou *rèt.* La nuance est très difficile à saisir.

Abréviations des articles.

Pour le volof :

b.	pour	*ba ;*	Ex. *bur ba.*
d.	—	*da*	— *dom da.*
g̈.	—	*g̈a*	— *ker g̈a.*
k.	—	*ka*	— *kef ka.*
l.	—	*la*	— *nda la.*
m.	—	*ma*	— *ndoh ma.*
ñ.	—	*ña*	— *nit ña.*
s.	—	*sa*	— *safara sa.*
v.	—	*va*	— *vañ va.*
y.	—	*ya*	— *nok ya.*

Pour le sérèr :

oh. pour oha ; Ex. o kin oha.
al. — ala — a ndok ala.
ol. — ola — o tan ola.
ong. — onga — o bi onga.
ak. — aka — a bi aka.
fan. — fana — fâp fana.

Pour le diola:

ab. pour abu ; Ex. busol abu.
ad. — adu — dikoñ adu.
äh. — ähu — husik ähu.
ak. — aku — kavur aku.
am. — amu — muhlav amu.
añ. — añu — ñisu añu.
as. — asu. — siluf asu.
al. — atu — tinak atu.

GUIDE

DE LA CONVERSATION

FRANÇAIS, VOLOF,

DIOLA, SÉRÈR.

VOCABULAIRE

FRANÇAIS	VOLOF
Corps célestes.	**Mbindafun u asaman.**
Le ciel, les cieux.	Aldana d. , Asaman s.
céleste.	lu deka ti aldana, ti
Le firmament.	Asaman si. (asaman.
Un astre.	Bidév b.
le cours des astres.	doh u bidév yi.
Le soleil.	Dènta b.
un rayon du soleil.	tèñèr, dalam u dènta.
disque du soleil.	mèrgèl u dènta bi.
lever du soleil.	fènké' dènta bi.
coucher du soleil.	so, lab u dènta.
solaire.	lu mômu ti dènta bi.
se lever, se coucher.	fènka, so.
La lune.	Vêr vi.
un rayon lunaire.	tèñèr, dalam u vêr v.
nouvelle lune.	tèruté' vêr vi.
le croissant.	vêr vu nday.
le déclin.	ndètè'l vêr vi.
pleine lune.	tàvlu'g lendem.

VOCABULAIRE

DIOLA	SÉRÈR
Kuvuhèn aku kat' émitay.	**Pìndèl ké na asaman.**
Fusanḍun, Emitay.	Arḍana f. , Asaman f.
vah ata fusanḍun.	kâ fognɔ na arḍana.
Emitay.	Asaman f.
Edangengenora,	O hôr olé.
edöv ey ata siḍangen-	a ñâḍ alé na hôr aké.
Tinak atu.　(genor'asu.	Ndêḍ né.
basenḍel ata tinak atu.	ḻéñâr' ndêḍ né.
humum ata tinak atu.	a niurulah' ndêḍ né.
kafurul kata tinak atu.	ndêḍ mbatu né.
kalo kata tinak atu.	ndêḍ mudu né.
va ginoré di tinak atu.	ka fogahna nu ndêḍ
kafurul.　kalo.	vat, mud.　　(né.
Huleñ ahu.	Ngôl ongé.
hulanḍ ahu kata huleñ	ḻéñâr no ngôl ongé.
huleñ huénkul.　(ahu.	o ngôl o ngonu.
huleñ hatit ahu.	o ngôl o ndèb.
dikèt ḍ'éta huleñ ahu.	o ngôl o ndèb.
huleñ ahu hutâlé.	o ngôl o mâku.

Français	Volof
premier quartier.	Vêr vu ndav.
dernier quartier.	Vêr vu met.
clair de lune.	Lêr u vêr vi.
Une étoile.	Bidév bi.
étoile fixe.	Bidév bu tahav, ses.
étoile errante.	Bidév bu di ver.
étoile polaire.	Bidév u gop.
étoile filante.	Bidév bu faha.
Une comète.	Bidév ab gên.

Corps terrestres.

Ti suf si.

Français	Volof
Le sel.	Horom s., sohmål
salin.	lu horomé.
L'eau.	Ndoh m.
aqueux, se.	lu baré ndoh.
L'air.	Mpêh m., asaman s.
La terre.	Suf si.

Phénomènes.

Lu di fêñ.

Français	Volof
L'arc-en-ciel.	Hon vi.
ses couleurs.	mêlé'm vi.
Une bourrasque.	Ntalavèr b.
Une brise.	Gil' gèt.
Un brouillard.	Salamir s.
Un temps brumeux.	Til g.
Un temps calme.	Ngélav lu ñaka, lu dal.
La chaleur.	Tangay b.
chaud.	tanga.

Diola	Sérer
buleñ hatit ahu.	a lándar nu ngôl ongé.
buleñ ahu humonéné.	o ngôl o mbadu.
buleñ ahu hubiténé.	a Lóland.
Edangengenora.	O hór ol.
„ yahinoé.	o hór o génu.
„ yañahoré.	o hór olà nà virilva.
	o hór no bém Rög sà-
„ yaloé.	hór o yénu. (lang.
„ élandéné.	O hór o dégu las.

Kavuhén aku kata d'étam.

Na laug ké.

Diola	Sérer
Musis ann.	Fo dém olé.
vah vasisété. ann.	ka handna, ka démna.
Mahind ann. manel	Fóf lé.
vah va mengé mah-	ka mayna fófi.
Ehefa indo.	A bûb alé.
D'ari.	Lauh ké.

Va ma omu di furul.

Ka na féñoha.

Diola	Sérer
kararak kat'émitay.	A kali Rög alé.
kan ol. gétorému.	nandit um ké.
Ehéfa ata beñn abu ya-	A ur alé.
—yafurémo di mandinam	Ñilmau fané.
Emitay ékané kabinba.	A kuy alé.
Emitay ékané kabuka.	A fugal al.
Ehéfa élét.	A kéñ a butu, a ñaku.
Esuf ay.	A suman alé.
kasuf.	sum.

chauffer.	Tangal.
se chauffer.	ḍaru.
Un déluge.	Tufan l.
Un éclair.	Mêlah b.
éclairer.	mêlahal, mêlah.
Éclipse.	Ḍapa ḍ. mûr b.
s'éclipser.	ḍapa, mûru.
Une étincelle.	Mêrñêṅt b.
étinceler.	mêlah, téñèr.
étincelant.	lu di mêlah, lu né naṅ.
Le feu.	Safara s.
La flamme.	Takataka b.
la braise.	hal v.
la cendre.	döm i tal.
le charbon.	keriñ g.
un tison.	gilinta b.
allumer.	tâl.
flamber.	taka.
comsumer, brûler.	laka, hemal.
éteindre.	fèy.
s'allumer.	taka.
s'éteindre.	fèy.
La foudre.	Ḍenu bi.
frappé de la foudre.	ku denu bi dal.
Le froid.	Liv b., sêda bi.
froid âpre.	sêda guy.
froid piquant.	sêda bu di damé.
les grands froids.	liv bu méti, séda bu
il fait froid.	défa liv, séda. (méti
j'ai froid.	liv nâ.
La fumée.	Sahâr si.
fumeux.	Sahâré.
fumer.	Sahâr, saharal.

Diola	Sérèr
kasufèn.	sumin.
kalùmmo.	radóh.
Mahind'amu mahimé-	A ţab alé.
Kavid. (néné d'ari fé.	O ţûñ olé.
kahiten.	hiñ.
Tinak atu tidoké huleū	A tam ala.
(ahu.	dam.
Emélèndun ata sambun.	O méldân olé.
kavidèn.	mélèd.
vah va vidè.	ka na mélèd, ka fi nà
Sambun asu.	Fidèl l. (nañ.
Kañalambun kata sam-	Difad lé.
budèk ahu. (bun.	gâgâñ lé.
butuné ahu.	ndav tidèl.
bumed ahu.	o somb olé.
butilul ahu.	o rukit ol.
kallikèn.	derbad, vûd.
kallikén.	kab, dam.
karokotèn.	doh, hodoñan.
kahok.	ñuf.
	sudoh.
	ñuf.
Hukalélén aku.	Dûd lé. (um.
hukalélén ahu hum-	oha dûd lé yén na tók
Ñitont añu. (uk ol.	O togoñ olé, o bûb olé.
ñitont añu ñidakut.	o bûb yèm.
ñitont añu ñiyaé.	o bûb ola nâ rôma.
kutont kamek aku.	o togoñ o domu.
kutont aku kubadé.	bûb, dogoñ.
ñitont ñok'om.	dogoñêm.
Hakor ahu.	Fo sûn olé.
kakoret,	sûnél.
kakorèn.	sûu, sûnand,

La suie.	Banhanós. b.
La fusion.	Reyay b. séy b.
La germination	Sahay g. , nļablé g.
germer.	sah.
La grêle.	Yûr g.
grêler.	tay yûr.
La lumière.	Lér g.
Une lueur.	Hoy g.
La clarté.	Léray g.
L'éclat.	Mélabay g.
lumineux.	tu di lér.
brillant.	tu di mélah.
briller.	mélah, lastasi.
éclairer.	léral, niļal.
luire, reluire.	hoy, mélah, lastasi.
Un nuage.	Nir v.
nuageux.	baré nir, hin.
L'obscurité.	Lendem g.
obscur.	lendem, tim.
obscurcir.	lendemal, timal.
L'ombre.	Nkêr g. kéndar g.
Un orage.	Hin v.
orageux.	tu hin.
Un ouragan.	Ngélâné l.
La pluie.	Tav b.
Une bruine.	Vis b.
pluvieux.	baré tav.
pleuvoir, il pleut.	tav, mangé tav.
bruiner, il bruine.	vis, mangé vis.
La rosée.	Lavi b.
Une tempête.	Talavér b. , ngélâné l.
Le temps est beau.	Asaman si raót na.
chaud.	tanga na.

Diola	Sérèr
Busém sáta sambun as.	Nâvos ké.
kabuo aku.	A nây alé.
Kahlihl aku.	A labod ala.
kahlahlèn.	sah.
Kulaiis'aku..	A kalam al., a pûr ol.
emitay élubé kulaiis.	déba pûr.
Edang ay.	A Löland ala.
Lavid aku.	Tig méléðu.
Kaong aku.	A méléd al.
Kavid aku.	A méléd al.
vah va yangé.	ka na hölanda.
vah va vije.	ka na méléda.
kavid.	méléd. nagu nañ.
kahilen.	soboñ.
kavid.	méléd.
Katehl.	El lé.
emitay ékané uluhl.	duag.
Elim ay.	O nibân ol.
kafim.	La nibánda.
kalimén.	nibánd.
Manihe amu.	Yôk né.
Emitay énakorulo.	O duag ola.
emitay élimén.	Ka duagan
Ehefa yatmenl..	A ur ala.
Kalub aku.	A téb alé.
Kassosobéne aku.	A sim alé.
hunak ata kalub.	may a téb.
kalub. vovu di kalub.	déb. ohé débâ.
kassosobéne uyu di-	sim. ohé simä.
Emon ay.(kassosobéne.	A lim al.
Husamu ahu hugumba-	A ur alé.
Emilay hésunné. (doré.	Asaman famé a mosa.
hesufé.	a suma.

Français	Volof
Le temps est clair.	Asaman si sét na.
— couvert.	— til na.
— doux.	Bés i téy bi nêh na.
— frais.	— féh na.
— froid.	— liv na, sêda na.
— humide.	— dèfa semnesuy.
— nébuleux.	— dèfa hîn.
— orageux.	— dèfa ngélâné.
— pluvieux.	— dèfa baré tav.
— sec.	— vov na.
— serein.	— sét na.
— sombre.	téy tim na.
Aérer, rafraîchir.	fébal.
prendre l'air.	féhlu.
Les ténèbres.	Lendem g. , tim g.
Un tourbillon.	Talavèr g.
Le tonnerre.	Denn b., kadu g.
tonner.	denu, kadu.
Tremblement de terre.	Yeng'u sûf.
La végétation.	Sahté g.
végéter.	sah.
Le vent.	Ngélav l., vol g.
— du nord.	Farahan v., sarang v.
— du sud.	Sambarah s.
Vent doux.	Ngélav lu èm.
— favorable.	— lu nêh.
— contraire.	— i bopa, nahari.
— frais.	— lu féh.
Grand vent.	— lu méti.
venter.	ngélav.
Vent d'ouest.	Gil' gët.
— d'est.	Mbòyo m.
— du nord-est.	Vol g.
— du nord-ouest.	Gil ganar.

Diola	Sérèr
Emitay édangé,	Asaman fané a hôla.
emit ay ékané kakun.	— a nuka.
Etubnak'ay ésumé.	Bès fané hani a féla.
ehefay éhufufufèn.	— a baya.
ehefay ékané kutout.	— a dogoña, a bù-
esosobéne.	— a suta. (bâ.
emit ay élimène.	— a duaga.
emit ay ékuténé.	— a nra.
emitay ékulèn kutèn.	— a maya tèb.
emitay éranké.	— a vèra.
emitay éhiténé.	— a hôla.
emitay élinéné.	— a niba.
katékéné éhéfa.	bayand.
ka dov katékéné éhéfa	bayânôh.
Elim ay.	O nibân ol.
Ehefa égélorému.	A sâkul al.
Kakalilèn aku.	Dûd l. o falal Rôg.
kakililèu.	dûd.
Kalilingor kala étamay.	A yonah ' laug.
Kahlihl aku.	A fahôd al.
kahlihl,	sah.
Ehefay.	A kèñ al.
	Sâlang fan.
	Dasior fan.
yuhéfèné.	A kèñ a podu.
Ehefa yasumé.	— a pélu.
ehéfa yéta hukov.	— hôh, a pèldaru.
ehefa yadobié.	— a hayu.
ehefa yamenk.	— a domu.
ehefa yatékè	hèñ.
ehefa yata mandinam	Ñilmân fan.
	A kèñ lôk.
	Sâlang fan.
	Mañ né.

Saisons.	Damano.
Le printemps.	Toron d.
été.	navét b.
automne.	loli b.
hiver.	nôr b.

Jours.	Fan yi.
Lundi.	Altine d.
Mardi.	Talata d.
Mercredi.	Alarba d.
Jeudi.	Alhamès d.
Vendredi.	Aldjuma d.
Samedi.	Aser d.
Dimanche.	Dibér d.

Division du temps.	Hnd i damano di.
Un an.	Béna at.
annuel.	lu di héy at mu néka.
Un mois.	Béna vêr.
mensuel.	lu di am vêr vu néka.
Une semaine.	Gîr u bés, ay u bés.
hebdomadaire.	lu di am ay u bés bu (néka.
Un jour, une journée.	Béna bès, béna betak.
— ouvrable.	bès bu ñu men a ligéy
— de fête.	bès i hévté, bès i fét.
— gras.	bès bu léka yapa ayul.

Kadañ aku.

Buring abu.
  badam abu.
  sikolong asu.
  bulhé abu.

Étan ké.

O ndil ong.
  ndig né.
  sék tan.
  did né.

Pès ké.

Téning fan.
Taláta fan.
Ardaba fan.
Arhamés fan.
Domaling fan.
Fugáy fan.
Dibór fan.

Kagambulor kata kadañ.

Emit vano, kadañ kano.
  Vah vabadému émit
Hulén hano. vanó yan.
  vah vabadému hulén
han o han. kuluba.
Kunak kono, butok di-
vah abadému kunakkono
butokdi kuluba kan ó kaŋ
Hunak hano, etuhuna-
ka yano
  bunak hata burok
  bunak hata fét, (élu ay.
  bunak han domu katéñ-

A kad damanó fané.

O hid o léng. giona.
  ka na héva o hid nu
O ngól o léng.
  ka na héva ngól nu gi-
          ona.
Bés fa ndakohidu.
  ka nâ héva na bés fa
ndakohidu nu giona.
Bés fa léng, ñal léng.

  bés falél.
  bés fél.   (a légéd.
  bés fané i mbágna ñam

Français	Volof
Un jour maigre.	bès bu léka yapa áy.
— de jeûne.	bès i kôr.
— quotidien.	bès-o-bès, ber bu sél.
Une heure.	Bèna vahtu.
Demi-heure.	Gêna val' i vahtu.
Une heure et demie.	Vahtô'k gêna vala.
Un quart d'heure.	Fuk'i minit ak durom.
L'aube, l'aurore.	Fadar g. mbirit m.
Au point du jour.	Su ber di sél.
Le crépuscule du matin.	Suba s.
Le lever du soleil.	Fènkê' dènta bi.
Le matin.	Lelek s., suba s.
La matinée.	Lelek si.
matinal.	ku hèysi, lu tél.
grand, bon matin.	lelek tél, suba tuy.
partir de t.-g. matin.	ndélu.
partir de grand matin.	héy, héyu.
arriver.	héysi.
— en retard le matin.	nadé.
L'heure de 10 à midi.	Yòrvor.
Midi, milieu du jour.	Ndolôr, dig'i ndolôr.
Après midi.	Gènav betek.
— de 2 à 4 heures.	Tisbâr b.
— de 4 au couch. du sol.	Takusân b.
Le coucher du soleil.	So, lab u dènta bi.
Le crépuscule du soir.	Marah g., timis g.
Le soir, la soirée.	Ngôn g.
Voyager le soir.	Gônâté.
La nuit.	Gudi g.
il fait nuit.	gudi na.
être en retard la nuit.	gudé.
de nuit.	ti gudi.
voyag. pend. la nuit.	rañân.

Diola	Sérèr
hunak han kugenmu	bès fana i mbagèr ñam
— — domu ufun-	bès kòr. (a légèd,
hun ak-ò-hunak.	mbêt-o-mbêt.
	Vahtu fa lèng.
	Sêk a lèng vahtu.
	Vahtu fâ sêk a lèng.
	Minit harbahay fo bètik
Urab av.	Mpêt, mbêt na.
D'uar b.	Ya mpêt a ngôla.
Budum.	Mbéfêt têt.
Kañviul kata tinak atu.	A bafand têd né.
Budum.	Mbéfêt n.
Edumay.	Têñar n.
aliv 'alié.	kèsu.
di budum bip.	mbéfêt têt.
edov d'urab.	funit.
edov di budum bip.	hés, funit.
karingul.	fûnîd.
karabèu.	ñalèl.
Tobarabeul.	Têñar ngôr.
Tutul av.	Ndolôr.
Tutulay.	Têd ngirdôhu.
Katîm.	Têd n'sugan kâf.
Katîm.	Ö vâr ol.
Kalo hata tinak atu.	Mudand'têd n.
Tinak atu timohòré.	A kid a tabru.
Katim, etim av.	Yarakôr né.
Kadavor katim.	Hirand.
huk abu.	O yèng olé.
tidoné.	a yénga.
kadovèn.	yéngèl.
di huk.	no yèng olé.
kadavor di huk.	funi.

Le voyageur de nuit.	Rañànkat b.
Minuit.	Dig' i gudi, suf sédé.
Oiseau nocturne.	Mpit ' i gudi.
Au chant du coq.	Ti sab ganar.
A l'heure du pilage.	Ti ndél.
Hier.	Démba.
La veille.	Ngomar g., ngonal. g.
Aujourd'hui.	Téy, bés i téy bi.
Avant-hier.	Berka-démba.
Demain.	Elek.
Le lendemain.	Bés ba ta topa.
Après demain.	Génav elek.

Division géographique

Haḍ u suf si.

Le globe de la terre.	Mereg u suf si.
L'équateur.	Dogalé' suf si.
Le nord, septentrion.	Gop b.
septentrional.	lu félò'k gop.
L'est, l'orient.	Pénku b.
oriental.	lu félò'k pénku.
Le sud.	Galandu b.
méridional.	lu félò'k galandu.
L'ouest.	Sovu b.
occidental.	lu félò'k sovu.
Un continent.	Déri d.
continental.	lu boka ti déri.
Une plaine.	Dòr d.
Une vallée.	Hur v.
Une lande.	Saléñ s.
Une butte, un tertre.	Van g., langor d.
Une colline.	Tunda vu fút.

Diola	Sérèr
Adaora di huk.	O pûfuni oh.
Bulit-a-huk.	Lang butu ndèr o yèng.
Efila éta huk.	Ndid o yèng.
Uloka utiar.	Na lémb a tèk.
D'urah.	Nkak.
Huken.	Fak.
	Bés fa advu.
Siét.	Hané, bani.
Hukënum.	Fèdô fak.
Kadom.	O fêt.
Kadomum.	Bês fanâ rêfna ta.
Kadomum yava.	Alakra.

Kagambulor kata D'ar	**A kad lang ké.**
Humum ahu hata d'ari.	A morolah lang ké fop.
Kagitul kata d'ari.	A kad lang ké.
Kadin kumay. (ay.	O Bêm-Rôg-sâlang fan.
vah va lañe kadin kum-	ka matirna a sâlang.
Kadin kan tinak atu tifu-	Baland n.
vah va lañé - mulému.	ka mâtirna fo baland
Kadin karir.	Daslor ol.
vah va lañé kadin karir	ka mâtirna fo daslor.
Kadin kan tinak atu tilo-	Mudand na.
vah va lañé - yému.	ka matirna fo mudand
Bota.	Tôk fané.
vah vata bota.	ké fogna tôk fané.
Karérénor.	Dôr fané.
Huyama.	Hur fan.
Kahillus.	O fûd ol.
Hnsill.	A lôt al.
Hurid hatit.	O dông ol.

Français	Volof
Une montagne.	Tunda vu kové.
le sommet, la cime.	tal n tunda.
la pente, le penchant.	mbaré, mbartalu m.
une chaine de mont.	tunda vu tahö.
montagneux.	baré tunda.
Un volcan.	Tund'u safara.
Un abîme sans fond.	Mbambulan m.
Un cap.	Ponta b.
Une île.	Dun v.
insulaire.	ku deka ți dun.
La côte, les côtes.	Biți b.
La rive, les bords.	Téfès g., téru g.
Un roc, un rocher.	Doț v.
Un écueil.	Doț la göț.
Un banc de sable.	Bang b.
Un désert.	Manding m.

Substances minérales.	Li nô gas.
Pierres précieuses.	Hèr yu dafé ndég.
La couche.	Langa b., lalu.
Un lingot.	Dond' i véñ
L'acier.	Véñ gu ñu nandal.
La trempe.	Nandal g.
tremper.	nandal.
L'argent.	Hâlis b.
Le charbon de terre.	Keriñ u sûf g.
Le cuivre.	Handar ḍ.
L'étain.	Bétéh bu gör.
Le fer.	Véñ g.
ferrugineux.	lu boka ți véñ.
Le laiton.	Perem b.

Hurid hanëk.
  di burèrén bata hurid.
  hutama-ahu hata hurid
  kurid kadokoré.
  tin tame tameugé kurid
Hurid hata sambun.
Busun basinkié ger.
Eñuñut.
Etula.
  anakiné di étula.
Tieng.
Katant aku.
Evalum.
Evalum yata hal.
Efah.
Maungé.

O dông o dig.
  hôh o dông.
  a pudio o dòng.
  a tông a tamru.
  maya tông.
O dông' fidèl.
A sèmb a kôdu.
O ñis ol.
Sanda l.
  oha gènna na sanda.
Tôk fané.
Téfès fané, ndangân n.
Bil l.
Bil no mag.
A tut al.
O dot ol.

Yan kuhoké.

Ká nà gasèl.

Evulum yasindié hunóm
Kanénfenor.
Hurikind hata mañ.
Mañ masumé.
  kasumèn hata mañ
              (amu.
Halis ay.
Humèd' ahu hata d'étam
Mañ madunké.
Hufudén hayné.
Mañ amu.
  va vaginoré di mañ.

A bil aka doinna di-
Ndourân n.   (gand.
O môl ol
Ndélèm yèrné.
  yérin n.
  verin.
Hâlis fan.
O somb na lang.
Handar fan.
Ndèmbêh sadku.
Télèm ka.
  ka fogna na ndélèm.
Mûs fan.

Une mine de fer.	Mpah i vèñ m.
L'or.	Vurus v.
La pierre.	Hèr v. , doṭ v.
Le plomb.	Bèṭéh b.
Le sable.	Salèñ s.
sablonneux.	baré salèñ.
sablonnière.	mpah i saléñ.
Le sel.	Horom s., sohmat s.
Le soufre.	Tamrah b.
Le tripoli.	Ban b.

Végétaux.

Nṭahin.

Le mil.	Dugup ḍ.
— petit sans barbe.	sûna s.
— petit avec barbe.	sâño s.
gros mil.	basi b.
très-gros.	ndahmat l.
moins gros.	dïtiñ ḍ.
Céréales.	Pépa b.
Le foin.	Bôb b.
faire du foin.	bôb.
L'arachide.	Gèrté g., arèn ḍ.
Le haricot.	Ñébé ḍ., seb s.
paille de pistache.	ngoñ m.
L'herbe.	Ñah m.
Le maïs.	Mboha m., makandé m.
Le riz.	Mâlo m., ṭéb ḍ.
Le baobab.	Guy g.
feuille du baobab.	lâlo b.
Le dattier.	Tandarma g.
Le figuier.	Bol g., soto s.

Kassoun kamenge mañ.	A sèmb no délèm.
Vurus.	Vurus fan.
Evalum.	Bil la.
Hufudèn.	Ndèmbêh n.
Mahlus.	O fûḍ ol.
nafur.	maya fûḍ.
kassoun kabaḍé nafur.	sèmb a fûḍ.
Musis amu.	Fo ḍèm ol.
	Sofar f.
Moh amu.	Mônmonl f.

Vab valîhlé.

A sahôd.

Basit.	Kâf ké.
basit abu.	pôd k.
balikon.	mâṭ k.
basit bameuk abu.	basi f.
	nḍahnât. f.
basit baḍunk abu.	téñ ké.
	Pèp ké.
Mukav amu.	Bôb la.
kakav.	bôbîk.
Egèrté.	Gèrté f., o ria ol.
Kussak aku.	A ñav aké.
mukav mata égèrté.	fu ngôñ.
Mahos.	Dâd lé.
Kussit aku.	Pursîn k.
Eman'ay.	Mâlo f.
Bubak.	Bak n.
katoḍ bata bubak.	lalo f.
	Tandarma f.
Efok.	Ndun n.

Le mûrier.	Sanda s.
Le palmier.	Tir g.
Arbres de haute futaie.	Hay g.
	Mbul m.
	Alom d.
	Volo g., rebreb g.
	Vên g.
Le tamarinier.	Dahar g.
Le fromager.	Bénténg g.
Encens, arbre à encens .	Santang g., amunginé g.
Le rondier.	Ron g.
	Dimba g.
Le manguier.	Mango b.
Espèce de cérisier.	Hévèr d.
Le citronnier	Limong g.
L'oranger.	Sorans g.
Arbres fruitiers à l'état	Sôb g.
sauvage.	Tol b.
	Mada g.
	Hel g.
	Ul g.
	Ngoloñ m.
	Digor d.
Le basilic.	Lebaleb g.
Le thé.	Duté d.
La canne à sucre	Bant'i sukar b.
L'épine.	Dèk b.
Le roseau.	Sonko b.
L'arachis.	Gèrté g.
L'ananas.	Sanana s.
Le goyavier.	Guab g.
Le citron.	Limong d.
L'orange.	Sorans d.

Diola	Sérèr
	Ngánd n.
	Ngët n
	Ngariñ n.
Kabékèl aku.	Sand n.
	Nên n.
	Balák n.
	Bán né.
	Sôb n.
	Mbuday n.
Husana ahu.	Sanlang n.
Bulimpi.	Ndof n.
Yahl.	Nar n.
	Mangaro na.
Magaro.	Bud n.
Bûhl.	Limong n.
Bulalamén.	Soras n.
Busorans.	Yoga ké.
Bulilu.	Tol n.
Buhémb.	Nar n.
Budinf.	Ngab. ndob n.
Budink.	Yèv n.
	Sab n.
	Ndong n.
	Lubâlub n.
	Mbalhat n.
	A dèg sukar.
Kusukur.	Ngid n.
Badankun.	O hèt olé.
Ekôkot.	Gèrté f.
Egèrté.	Sananak n.
	Guab f.
	Limong f
Hulalamén.	O soras ol.
Husorans.	

	Ditab d.
	Danha d.
	Név d.
Les épinards.	Mbûm m.
Le melon.	Hal g., dombos d.
L'oignon.	Soblèt s.
L'oseille.	Bisab b.
La réglisse.	Garap i sot b.
Le tabac.	Tamáka g., sumbu.
La graine, semence.	Diu v.
La sève.	Mên m., ndóyndóy m.
La racine.	Rên b.
Le tronc.	Yaram u garap g.
La tige.	Gitah g.
Le bois de chauffage.	Mata m.
— de construction.	Banta b.
La planche.	Hanha b.
L'écorce.	Has g., hanta b.
Le nœud.	Ponka b., poka b.
Le bourgeon.	Méñèt b.
Le rejeton.	Sahit v.
La branche.	Banhas b.
— de palmier.	Banhas u tír b.
— de palmier nain.	Sôrsór m.
— de rondier.	Ranga v.
Le rameau.	Banhas bu nóy.
La fleur.	Tortôr b.
La feuille.	Hob b.
Le fruit.	Dôm d., méñèt d.
La chair, la pulpe.	Ñam v.
L'épi.	Gub v.
Botte de mil servant de	Sabar b.
Poignée de mil - mesure.	Dapa b.

Diola	Sérèr
	O rooy olé.
	O rang ol.
Bèl.	Dâf n.
	Fu déh n.
hullissora.	Ségel lé, béref l.
	Subola n.
Begel abu.	Fu pasâb k.
	Tèh a kuruf alé.
Esumb'ay.	Tabâké fa., sumbu fu.
Sihluk asu.	Ah k.
Hasim hata bununukèn.	Fo gon ol., a lolol aké.
Huhar ahu.	A pad alé.
Enil hata bununukèn.	Tér ndahar.
Eyonkohl ay.	A kangaf alé.
Diyad.	O dûd olé.
Sinouk.	A tèh al.
Kaḍounkout.	A patah al
Kafol aku.	Fu mbas n.
Evuk.	Hib lé.
Huvévoul.	O lob ol.
Huhlihl.	A sakit ndahar.
Kaan.	A ṭân, a nah.
Kakunt.	A ṭân ngèl na.
Kaan kata edak.	A nâh n'sing na.
Kaan kata yahl.	O râng ol.
Kaan kaburié.	A ṭân a tèb.
Erumpèn ay.	Mbïd n., o yah ol.
Katod aku.	O lad olé.
Añil ata bununukèn.	O bi onga.
Muteñ anu.	Ñâmèl k.
Kahoûñ.	Mbôd n.
kurul.	Humb l.
huḍok.	Gusah l.

Français	Volof
La grappe.	Taba b., tèga b., gonta b.
Cire brute.	Hep v.
Un régime	Vèn v.
Fruit de palme.	Kâm g.
La gomme.	Dakândé ḍ.
L'huile. (lam.	Divlîn ḍ.
Beurre végétal de Ga-	Div u Ngalam.
Huile médicinale.	Tulukûna ḍ.
Le miel.	Lèm g.

Eau. — Ndoh.

Français	Volof
Eau.	Ndoh m.
— claire.	— mu sèt.
— douce.	— nêh.
— de source.	— mu di nata.
— trouble.	— mu lenḍa.
— naturelle.	— mu ñul.
— de mer.	Mbêh m.
— saumâtre.	Hormbêt m.
Un étang.	Dèg b
Un fleuve.	Dêh g.
Un marigot.	Kala. g.
Les flots.	Dûs y., ginah g.
Une fontaine.	Tên b.
Le flux.	Mpêsé b.
La mer.	Gêt g.
la mer monte.	gêt ga' ngê fês.
Le puits.	Tên b.
Une source.	Bet i tên b.
Le torrent.	Davlef b.
Les vagues.	Dûs y., génâh y.

Diola	Sérér
Hutukus.	A dên al.
Ballikan.	Linkáñ f.
Kallin.	Dêdêñ la.
Hudusul.	O sum ol.
Kang.	Dakarndé f.
Divlin.	Fo nëv.
Badik bata Galam.	Fo nëv Ngalam.
Mukir.	Tulukuni f.
Mukum.	Sûm k., yûm k.

Mahind' amu.	Fôf lé.
Mahindo.	Fôf l.
mayangë.	Fôf fo véndu, ngölu.
masumé.	— fo félu.
mabulé.	— la na bûna.
maguhloë.	— fa ndodgu.
malavné.	— fu bâl.
muhlö.	fo hâd ol.
makulaké.	fôf fo dêm.
Huimp.	A mbêl al.
Katunk.	A kal a mâk.
Katunk.	A kal a téb.
Kuvamalah.	Yagayaga kë.
Kaboullén.	A ngas al.
Kaméng aku.	A mayn al.
Hal ahu.	Duâm f., o mâg ol.
Mulah'mu amu di ka-	O mâg olé hé mayna.
Ebila ay. (méng.	A ngas al., a kolong al.
Kalloundén.	Ngid na ngas.
Hutéy ahu.	O duf ol.
Kuyamala aku.	A yagayaga k.

Le reflux.	Mpèré b.
La mer descend.	Gët gâ'ngê fèr.
La marée est haute.	Mpèsé bi dad na.
— est basse.	Mpèré bi dad na.
Un lac.	Dëg bu réy.
Un golfe.	Golfa b.
Une mare.	Tâ i·ndoh.
Un ruisseau.	Vayo g.

Genre humain.

Hêt u nit.

La race blanche.	Hêt gu vêh.
Un blanc.	Ku vêh.
Un européen.	Tubâb b.
La race noire.	Hêt gu ñûl.
Un nègre.	Nit ku ñûl.
— au teint clair.	Nit ku hês.
— — plus foncé.	Nit ku hèrêr.
Un homme, les hommes.	Nit k., nit ñ.
— par opp. à femme.	Gor g., gör ñ.
Une femme, les femmes.	Digèn d., digèn y.
Une femme mariée.	Digèn du séy.
Un enfant.	Halèl b.
— garçon.	— bu gör, far v.
— fille.	— bu digèn, danha b.
Un garçon, célibataire.	Gör gu séyul.
Un jeune homme.	Vahambané v.
Une jeune fille.	Danha b.
Une jeune femme.	Ndav s.
Une femme mariée.	Dêk b.
Un vieillard.	Magèt b.
Un veuf.	Ku dabar am dê.

Kablab aku.
Muhlo amu umu di kah-
 — mulíténé.   (lab.
 — mabavé.
Huimp hamëk.
Buhéntor.
Mahindo muiténé.
Huel.

Hu bukandin.

Hubukandin hadunké.
Adunké.
Elulum.
Hubukandin halayn.
An alayu.
Au alayu a dunké fas.
Au alayu a om.
An, bukau.
Aníné.
Anaré, karaku.
Anara anîmê.
Añil.
Añil anîné.
Añil anara.
Anine alikoûl.
Afur.
Assunguté.
Anaré añil.
Anaré animoé.
Ahaléné.
Hu av an asèkol akékèl.

O ngis ol.
O mag olé hé gîsa.
O may olé fêlta.
O ngis olé ranga.
A mbêl a mak.
Golfa f.
A mbêl al.
O hulub ol.

O tim nô kin.

O tim o yahgu.
O yahgu.
O tubâb oh.
O tîm o bâl.
O kin o bâl.
O kin o vèk.
O kin o lilôg.
O kîn oh., vîn vé.
O kôr oh., gôr vé.
O tèv oh., rèv vé.
O tèv o tololш.
O bê'ngé.
O bi o ngôr, o fès ol.
O tôg oh.
O kôr o tégèr tèv.
O fès ol.
O tôg oh.
O tôg oh.
Muhulâré f.
O nogoy oh.
Oha tèv um a hona.

Une veuve.	Dôtin b.
— de mauvaise vie.	Taga d.
Un orphelin, e.	Bayo b.

Corps humain.

Yaram i nit.

Une artère,	Sidit b.
Une articulation.	Tenho b.
La chair.	Sûh b.
Une glande.	Saga s.
Une jointure.	Tenho b.
Une membrane.	Dèr b., langay h.
Un membre.	Ter b.
Un muscle.	Sûh b.
Un nerf.	Tâs b.
Un os.	Ÿah b.
La moelle.	Yuha b.
La peau.	Dèr b.
Un poil.	Kavar g.
Un tendon.	Tâs b.
L'aisselle.	Mpohotan h.
La barbe.	Sikim b.
barbu.	baré sikim.
Le bas-ventre.	Naha b.
La bouche.	Géméñ g.
Les boyaux.	Butit y.
Le bras.	Loho b.
Les bronches.	Tahoñ b.
La ceinture.	Lahasay b.
Le cerveau.	Ÿör g.
Le cheveu.	Kavar b.
La tresse.	Dimbi b.

Diola	Sérèr
Aanaré an ainol akékèt.	Oha kor um a honna.
Anaré adakut.	Taga l.
Añil di nonol.	Bayo f.

Enil yóta alhokuan.	**Ter no kin**
	O pamb ol.
Kakihl.	Hib l.
Egulum.	A tégéd ak.
Enil ay.	Gîd l.
Ehol.	Hib l.
Egulum.	Dôl n.
Kagouk.	A lasal.
	A néhal.
	A pambal.
Kakihl aku.	O hîd ol.
Evul. edod ay.	Yuk ké.
Matofé yèt évul.	Dôl n.
Kabauk, kafongol aku.	Vil l.
Val.	A pamb al.
Kakihl.	O nâpand ol.
Kassufèt aku.	O râtam ol.
Hulèmp abu.	May o râtam.
An ata hulèmp.	Fa mbup.
Egagèn.	O do ol.
Butum abu.	Lav k.
Mullav amu.	O bay ol.
Kagèn aku.	Sâkéña ké.
Bivèndèk.	Kuntla la.
Hukokom aliu.	Ngand k.
	Vîl l.
Mugof.	O mod ol.
Elikis yano.	

Français	Volof
être chevelu.	baré kavar.
Le cil.	Hèf b.
Le cœur.	Hol b.
La colonne vertébrale.	Yah i diga, ţirir b.
Une côte.	Fâr g.
Le côté.	Vèt g., falaré b.
Le cou.	Bât b.
Le coude.	Toñţo b.
Le crâne.	Hol' i bopa b.
La cuisse.	Lupa b.
La dent.	Beñ b.
— canine.	Beñ bu sèla.
— incisive.	— rêv.
— molaire.	— dégét.
— de lait.	beñ i halél bu di nampa
Le doigt.	Bâram b.
le pouce.	— u dèv b.
l'index.	— dohoñ ba.
le doigt du milieu.	— diga bi.
l'annulaire.	— u ţof u diga.
l'auriculaire.	— u sahaléñ.
La phalange.	Kèm g.
Le dos.	Génav g., doha g
Les entrailles.	Bulit yi
L'épaule.	Mbaga m.
L'estomac.	Bir b. nav b.
La face.	Kanam g.
Les favoris.	Fâs yi.
Le fémur.	Yah i lupa b.
Les flancs.	Vèt yi.
Le foie.	Rès v.
Le front.	De b.
La gencive.	Ntiñ m.

Diola	Sérer
kussint kaméngé.	may vil.
Kamov.	Ñobdah n.
Yal, huñ.	Hêñ lé.
Evul katut aku.	O híd a ndêr.
Kahab.	O sâh ol.
	O sâh ol., falari.
Ekondor.	O tok ol.
Evulèt ahu.	O nongông ol.
Kavul tikor kata hukov.	O hob' hôh.
Hubong.	A ñâl al.
Baging.	Ñiñ l.
kaging kamisé.	sèl lé.
kaging kufarénum.	a talîr aké.
kutokoñum.	fab lé, a pab aké.
kuging kutiar aku.	a ñiñ a numir ak.
Husik ahu	Ngol né.
bamëk ahu.	ngol ngôgôr n.
huñurénum.	ngol ndohodan n.
hutut ahu.	ngol a ndêr.
hanab'mu huled ahu.	ngol o hèd.
huled ahu.	ngol ' mbangdir.
Egulum.	Hib ' ngol.
Busol abu.	A tind al., o log ol
Muhlav amu.	Lav ké.
Kaband aku.	A kand al.
Har ahu.	O fûd ol.
Buhl.	Mbâmir n.
Hudab ahu.	Horondi ké.
Evul ata hubong,	O híd a ñâl.
Kaheh.	A sâh aké.
Auñ.	Hêñ lé.
Huring.	Ndahid lé.
Huhañañ.	Ndigláñ né, tigláñ ké.

Le genou.	Om b.
La gorge.	Bât b., poroh b.
Le gosier.	Poroh b.
La hanche.	Pod b.
Les intestins.	Bufit y.
La jambe.	Tanka b.
Le jarret.	Mpohotan i tanka.
La joue.	Lêh b.
La langue.	Lamèñ v.
Le larynx.	Mput m.
La lèvre.	Tuñ m.
— supérieure.	— u kov.
— inférieure.	— u sûf.
La mâchoire.	Gâm b, gâbâb b.
La main.	Loho b.
la paume.	bir' loho b.
le revers.	génav loho b.
le poing.	kamah b., ngeb v.
La mamelle.	Vên v.
Le menton.	Sikim b.
Le mollet.	Kalôr b., tëyé b.
Les moustaches.	Tukum b.
La narine.	Ñkan u bakan b.
Le nez.	Bakan b.
Le nombril.	Huta b.
La nuque.	Doha g.
L'occiput.	Ndong l.
L'œil.	Bet b.
la paupière.	hèf b.
la prunelle.	pèr i bet.
L'omoplate.	Palang m.
L'ongle.	Vé v.
L'oreille.	Nopa b.

Diola	Sérèr
Hudul ahu.	Ngubay né.
Umérum.	A pad al., a pêp al.
Umérum.	O bôk ol.
Huyagèn.	O rak ol.
Mublav amu.	Lav k.
Kol aku.	O daf ol.
Huyagèn.	O nâpâu ' ngubay
Kagal.	O dèk ol.
Hulénluf ahu.	Délèm lé.
Umérum.	A pêp ál.
Hubill ahu.	Ndôtôt né.
— huhatia.	— tôk.
— hulama.	— a lang.
Kagal aku.	Kâbâb al.
Kagèn aku.	O bay ol.
bulahèd.	kam o bay ol.
busol bata kangèn.	tind o bay ol.
enuka.	rik n., ndik n.
Kill aku.	Dên n.
Hulémp.	O râtam ol.
Har ata èdul ay.	Hod l.
Val ata butum.	Vîl o ñis l.
Kassoun ata èñéndu.	O vâb o ñis.
Eñéndu ay.	O ñis ol., ñus ol.
Ekum pulot.	Dab lé.
Ñiruk aku.	O log ol.
Hurongol.	O vak hôh.
Dikil.	Ngid n.
kamoy aku.	a didik al.
esis ata dikil.	dôd a ngid.
Kabekelh.	O hid a kand.
Kavur aku.	Mbâmbañ n.
Edan.	Nof n.

Le tympan.	Borom nopa b.
Un orteil.	Baram ab dëy b.
Le palais.	Déuhalëm h.
Le pharynx.	Laméñ vu ndav v.
Le pied.	Tanka b.
le cou-de-pied.	kóv' tanka b.
le talon.	tésfèn m.
la plante du pied.	degu' tanka b.
la cheville. —	bet ab tanka b
le tendon. —	fâs u tésfèn b.
Le poignet.	Tègha b.
La poitrine.	Dena b.
Le poumon.	Ferfer b.
La rate.	Gadâm g.
Les reins.	Ndiga v.
Les rognons.	Halas v.
La rotule.	Yah u öm b.
Le squelette.	Yah u nën b.
La tempe.	Négkédém g.
La tête.	Bopa b.
Le tibia.	Yah u êl b.
Le ventre.	Bîr b.
La vertèbre.	Yah u tîrîr b.
La vessie.	Puftèn m.
Le visage.	Kanam g.

Accidents et proprié- **Lu di dal ak lu di lév**
tés du corps humain. **Yaram u nit.**

L'assoupissement.	Ngeméntu g.
s'assoupir.	gemátu.
Le bâillement.	Bibali b.

Hukont ahu.	Yâl nof n.
Husik hamak.	Ngol ngôgòr.
Budos.	O dangalam ol.
Alida kurint.	O délèm o dèb ol.
Kot aku.	O da ol.
bulchèd.	tôk o daf ol.
hutond ahu.	o fâd ol.
bukak abu.	takir o daf ol.
eke kèb ay.	o fém ol.
kakilb aku.	o tod ol.
Busukor abu.	O dôb ol.
Baging abu.	Ngaug n.
Kukakaboun.	Surutût l.
	O dâm ol.
Hukénd abu.	Ndèt n.
	Hôr l., a kôr ak.
Ebunkut.	O hîd ngubay.
Sivulb baré.	A kíd a bor.
Karab aku.	O sékédèm ol.
Hukov ahu.	Hôh l.
Evulb yata hudul.	O hid a kôs.
Har abu.	O fûd ol.
Evul étuta.	O hid a ndêr.
Husur abu.	O kufand ol.
Buhl abu.	Mbâmir n.

<table>
<tr><td align="center">Va doké énil ate
alhokuan.</td><td align="center">Ké nâ dâva fo ké
lévna tèr no kin.</td></tr>
</table>

Kagoy aku.	A nim al.
kagoy	nim.
Kahamuf aku.	A kâmah al.

bâiller.	bibali.
La beauté.	Tar g., rafètay g.
beau, belle.	rafèt, am târ.
embellir.	rafètal.
Le bégaiement.	Ner g.
bégayer, il bégaie.	ner, ner na.
Une constitution.	Vèñ u yaram.
il a une bonne —	nêh na vèñ.
Un cri.	Yûh g.
La débilité, faiblesse.	Nèv-dôlé g.
il est débile, faible.	nèv na dôlé.
affaiblir, débiliter.	nèvlô-dôlé
La démarche.	Dohin g.
La difformité.	Ñâvay g.
La digestion.	Rèsây g.
C'est digéré.	rès na
L'embompoint.	Sûray g.
avoir de l'embomp.	am yaram.
L'éternûment.	Tisali.
il a éternué.	tisali na.
La faim, l'appétit.	Hif b.
j'ai faim.	hif nâ.
La fatigue, la lassitude.	Lotay g., tayi g.
je suis fatigué, las.	lota nâ, tayi nâ.
La force, la vigueur.	Dôlé d., laf g.
être fort, vigoureux.	baré dôlé, am laf.
Un gémissement.	Bini b., onka b.
je gémis.	mangè bini, — onka.
Gentillesse.	Tar g., déka b.
il est gentil.	déka na, am na tar.
L'haleine.	Ntolo gèmiñ.
souffler.	fuf.
haleter.	hih.

Diola	Sérèr
kahamul.	hâmôh.
Kaḍak aku.	O mosèl ol. ·
ḍaké.	mos.
kadakeñ.	mosand.
Kahamèn aku.	A to al.
kahamèn.	do, a doa.
Mañ énil. (ké.	Nḍélèm 'tèr.
_ abaḍé mañ énil maḍa-	a fèla nḍélèm.
Hururèr.	O vûk ol.
Bagoy abu.	Ñak-dôlé ol.
da goy-goy.	a ñaka dôlé.
maḍé.	ñaknor, nëvand dôlé.
Kaḍé aku.	A ũaḍôḍ al.
Buġoṭié'abu.	O parḍèl ol.
Kavalo kata sinang asu.	A bôs al.
valoé.	a bôsa.
Daſoñ ſoñ.	O bûbèl ol.
kabaḍ énil.	ḍèg tèr.
Katil.	A tisah al.
da ṭiloë	a disoha.
Buṭiar abu.	Ngêh n.
buṭiar bok'om.	hêhêm.
Eyok.	A kér al., a kiḍ al.
di yoké.	héram, hiḍam.
Sémbé asu.	Dôlé fan.
abaḍ sémbé.	may dôlé.
Kallil.	O hudat ol., a în al.
kalill.	mê hudata, mê îna.
Maḍaké amu.	O kénèl ol., o mosèl ol.
daḍaké.	a héna, a mosa.
Haul abu.	Had l.
kabuffèn.	vûd.
Lahlikill.	had.

Français	Volof
Le hoquet.	Yuhal g.
avoir le hoquet.	yuhal.
La laideur.	Ñàvay g.
il est laid.	ñàv na.
enlaidir.	ñàvlô,
La maigreur.	Om g., yoyangé g.
il est maigre.	om na, yoy na.
il maigrit.	mungè om, — yoy.
La marche.	Doh b.
il marche.	mungè doh.
Un pas.	dégo b.
La mastication.	Yéy b.
mâcher.	yéy.
— en suçant.	mala.
Le mouvement.	Yengatu.
mouvoir.	yengal.
nourrir	dundal.
La parole.	Kadu g.
parler.	adu, vah.
Le repos.	Noflày g.
se reposer.	nopaliku.
La respiration.	Noi g.
respirer.	noi, noki.
Un rêve, un songe.	Ab gènta.
j'ai rêvé.	gènta nâ.
Le réveil.	Èvu g.
réveiller, éveiller.	è.
je les ai réveillés.	è nâ lèn.
se réveiller s'éveiller.	èvu.
Une ride.	Ras b.
se rider.	Rasu.
Le rire.	Rè g., rèlan. g.
rire, rire aux éclats.	rè, hahalay.

Diola	Sérèr
Elikid ayu.	O lukuḑ ol.
kalikid.	lukuḑ.
Kagoti aku.	O pardèl ol.
dagoti.	a farḑa.
kagotièn.	farḑand.
Kagan aku.	A por al., yòyangé fan.
dagangan	a fora, a yòya.
dabaobao	ohé forida, — yòyida.
Eḑov ay	A ñaḑ al.
umu déḑov	ohé ñaḑa.
Hugab ahu	A dakandah al.
Kañallo aku	Dah n.
kañallo	dah.
kamob	mod.
Kagoror aku	Yonah n.
kagogoror	yonin.
kakumèn	ñovand.
Hurim ahu	O ñuhur ol.
elob	lay.
Kayolo aku	A ñotnah al.
kayolo	ñotnòh.
Kayh aku	Ñòt al.
kayh	ñòt.
Sisahout	O dâd ol.
disahouté	dâdàm.
Kalivo aku	Yokòh.
kaliv	yok.
di liv il	yokàm a dèa.
kalivo	yokòhu, yoku.
Kaômpor	O ñudand ol., ih na.
kaompor	ñùdòh, ih.
Ebér ay	Dal. tal k.
karénkèn	dal, dèl.

une chose risible.	lu met a ré.
Un sanglot.	lkat b., yekat b.
il sanglote.	mungé yekat.
Santé bonne.	Vèr ug yaram.
— mauvaise.	vèradi'g yaram.
Le silence.	Ntèla g.. nopi g.
homme silencieux.	nit ku nopi lol.
La soif.	Mar g.
je suis altéré.	mar nâ.
Le sommeil.	Nélav g.
endormir.	nélavlo.
s'endormir.	nélav.
Un soupir.	Bini b., bib b.
soupirer.	bini, bib.
Un sourire.	Muñ g.
sourire	muñ.
La taille.	Tahavay g.
il a une belle taille.	vâ di am na tahavay.
— moyenne —	vâ di èm na.
— petite —	vâ di gata na lol.
Il est bien proportionné.	dèka na tahavay.
La transpiration.	Ñaha b.
suer, transpirer.	ñaha.
je transpire.	mangi ñaha,
Vagissement.	Dôy i balèl.
La veille.	Ngonal g.
veiller.	ngonal, ngomal.
La voix.	Bat b.

Maladies, accidents.   **Dangaro, ndogal.**

Un abcès.   Ab tab.

vah va famé ébèr
Alikiḍ
  akilo mud'alikiḍ
Enil yésumé
  — yésumut
Kafato aku
  an afatoé
Kafan mahindo
  mahindo mok 'om
Kagol aku
  kagotèn.
  kagol
Kablil
  kayihèt
Kamuylo, kammutén
  kamuylo
Huito
  daḍak huito
  huito barèto
  huito datofog
daḍaké huito
Kagèn aku.
  kagèn.
  indému digèn.
Muhu añil.
Elima ay.
  kalimèn.
Hurim ahu.

Kasuwut aku.

Huhta.

ka doyna ḍalèl.
Hudat.
  ohé hudatâ.
Tèr podu. pélu.
  tèr podèru, pêlèru.
A tim al. , a yèg al,
  o kin oba na tîmn l·l.
A kodom al.
  hodomèm.
A dàn al.
  dànand, dànnòr.
  dân.
A hudat al.
  hudat. hàd.
Mûḍoh.
  mûḍòh.
A kènah âl.
  o koè déga kènah.
  o koè fada kòr.
  o koè rabòda.
a mosa kènah.
Oaḍ l., handal l.
  ond, handàl.
  mè handalâ. mè ondà.
A lòl no ndébandong al.
Kirin n.
  hirin, hir.
Ñuhur ol.

A ṭir, tàmàia.

A ur al.

L'accouchement.	Vasin b.
accoucher.	vasin.
L'agonie.	harharlé g.
La blessure.	damdam b., gañu-gañu b
blesser.	dam, gañ.
La bosse.	Henga d., hodôgoné b.
bossu.	henga, hodogoné.
Le bouton.	Pita b.
Une brûlure.	Ab laka.
Le cancer.	Ngal l.
La cécité.	Ngumba g., silmaha g.
l'aveugle.	ngumba b., silmaha b.
Le borgne.	Pata b., mèna nhél.
aveugler.	silmahalo, guinbalo.
il est aveugle.	dèfa silmaha.
La chute.	Ndanu g.
La colique.	Haran g.
j'ai la colique.	suma bir har na
La contusion.	Tetu b.
contusionné.	tetu.
La coupure.	Dog b.
Une crevasse.	Ab harhar, hotit.
La dartre.	Geger b.
La défaillance.	Hem g.
tomber en défaillance.	hem.
La démence.	Ndof.
il est en démence.	dof na.
Une douleur.	Ab métit, ag tono.
douloureux.	lu méti.
L'écorchure.	Roda g., fés g.
écorcher.	roda, fés.
L'égratignure.	Okataku g.
égratigner.	oka.

Diola	Sérèr
Kanokèn aku.	A ñôt al.
kanokèn.	ñôt.
Elem ay.	Ndêr fa ngon fo ñôv ol.
Muluf amu.	Ndom n., ngâñah n.
kaya, kalufèn.	rôm, gâñ.
Ekunkuntung ay.	O sund ol.
kabad ékunkuntung.	sund.
Bagoga abu.	O fus ol.
Husoɣ abu.	Ndoh na.
Yak ay.	Ngal na.
Kafûm aku.	Mbûl n., gumbo f.
afûma'v.	O pûl ol., gumbo f.
Dikil dano, kafégélèt ak.	Yâl yif lèng l.
kafûmèn.	fûland, lupand.
bafunfûm	kà a fula.
Kalo aku	A yén al.
Katodar aku	O fûd mbàfal n.
— kok 'om	o fûd mbàfal a dama- (ham.
Kafindo aku	A disah al.
kafindèn	oha disôhna.
Kalib aku	Dèg na., ndad na.
Karol	O ès ol., a kuy al.
Katibla	A til a bâl al.
Katundo aku	Mêñ na.
katundo	mêñ.
Kassongèt aku	Dof na.
kassongèsongèt	a dofa.
Massèndo mateñié amu	O domèl ol., hid f.
vah va séndé, vah va (teñié	kà donna.
Kahlono aku (teñié	A kut al.
kahlono	hut, fès.
Kakoh aku	Gol na, gîr na.
kakoh	gol, gîr.

Une enflure	Ab nëvo.
s'enfler.	nivi
L'enrouement.	Nhodos g.
s'enrouer.	hodos.
Une entorse.	Reha b., fahad b.
L'épilepsie.	Danu.ngélav, mberférén
L'étourdissement.	Mir g
L'évanouissement.	Hem g.
s'évanouir.	hem.
Une fausse couche.	Vasin bu ñorul.
La fièvre.	Libel d., fèbar b.
j'ai la fièvre.	libel nâ, fèbar nâ.
Le flux de sang.	Turu dérèt d.
Le frisson.	Loh b.
je frissonne.	mangê loh.
faire frissonner.	lohlo.
La gangrène.	Göm bu sahé.
La goutte.	Nab g.
Les hémorroïdes.	Bir ab taña.
Une hernie.	Ab buhân.
L'hydropisie.	Nival b.
un hydropique.	Ku di nival.
Indigestion.	Règa b.
Une indisposition.	Yaram vu nèhul.
je suis indisposé.	Suma yaram nèhul.
Une infirmité.	Ab métit, dér.
l'infirme, l'invalide.	darak d.
La maladie.	Dér b.
La paralysie.	Lafañ g., lagi g.
paralytique.	lafañ b., lagi b.
paralyser.	lafañlo, lagilo.
La peste.	Ndëal m., mbas. m.
pestiféré.	ku mbas dapa.

Diola	Sérèr
Bullao	Ur, ut.
kallao	ur, ut.
Kahor aku	Kurfân al., a kuruf al.
kahor	gurfânôh, gurfôhôl.
Kakublo	Tudang n., mukuḍ n.
Kalo kañ	A yên fangôl f., yên a
Kassivo aku	Miril n. (kêñ
Katundo aku	Mêñ n.
katundo	mêñ. (takah al.
Kabito	Fa ndim fa mbôrêr f.,
Kassumut aku	Fêbar f.
disumusut	fêbar fana a dama ham
Kaynvo kala hasim	Mbangu fôôy.
Kagib aku	A sènd al.
digibê	tèr ès kê a sènda.
kagibén	sèndnor.
Essonta yâkané balo	A sahin al., gusah al.
	O nab ol., dégémutê f.
Essasora ay	Nik l.
Ekikit	Rad l.
Bulao abu	A ut no fûd al.
an alaoë	oha fûd um a uta.
Hufoñ aku	Ñasîl n.
Esumut	Dir l.
disumut	ter ès mbêlêr.
Kasumut	O domêl, dir ol.
assumuta	o kin o karu.
Kasumut aku	O domêl, dir ol.
Kabobo	Lafûñ n.
an abobôé	lafûñ f., bôf ol.
kabobo	lafûñnôr, bôfnôr.
Ekêt ay	Mbas ong., a sêl al.
an ékêtê édokê	oha sêl a damna.

Français	Volof
La phtisie.	Dena b., métit u dena.
phtisique.	ku dena dapa, amé.
La pierre, la gravelle.	Farñañ v.
Une plaie.	Ab göm.
La rage.	Say b.
enragé.	say, dafur.
Le rhumatisme.	Nab b., yah b., ndoh b.
Le rhume.	Sod b.
— du cerveau.	sod u bakan.
— de poitrine.	schat b.
La rougeole.	Ngas g., yato d.
La surdité.	Ntch m., tchay b.
sourd.	tch.
assourdir.	tchlo, taghal.
La toux.	Schat s.
tousser.	schat
Un ulcère.	Ab göm.
La petite vérole.	Ndambal l.
une marque de la —	tipentiku' ndambal.
Le vomissement.	Votu v.
vomir.	votu.

Sens. — Yégukay i yaram.

Français	Volof
La vision.	Gis b., ngisté b.
La vue.	Bet v., gis b.
un regard.	sétin b., sêt b.
une chose visible.	lu menêfô gis. (bu.
— invisible.	lu menêful a gis, ne-
homme clairvoyant.	ku baré sago.
vue longue.	bet yu bâh.
vue courte.	bet yu gata.

Diola	Sérèr
Ekimo vadakut	Ngang n., ngang domu.
an ébadé ékimo édakut	oha ngang a domâ.
	Ndilidân n.
Esonta	Doy l.
Kagaño aku	A say al.
dagañoé	say, dafir.
Kalokoñ kata édod ay	Nab n., o hid ol.
Budusa abu	A kuruf al.
— bata hukov	a kurufân o ñis al.
— bata baging	a okotah al.
Bakénbéng abu	O dôl ol.
Kaloko aku	Ndam n., ndamôh n.
kaloko	o tam oha.
kalugén	ramnôr, ramand.
Ekimo ay	Okotah k.
kakimo.	okotôh, okotu.
Esonta	Doy l.
Banala abu	O mbusnâu ong. sûñûñ f.
bakum bata banala	o topil no mbusnâu.
Emas ay	A tékah al., ñasil n.
Emas	Dèkoh, ñasil.

Burok bata Enil.	**Yégit tèr ké.**
Kaduk aku	Ga l., a ka al.
Dikil adu	A kid ak., a ka al.
kadukèr	A dêt al.
vahan duylo udukal	ka vagêna ga, gi.
vahan duylat udukal	ka vagandèna ga, gi.
an ata buynum	oha mayna sago.
kukil kasumé	a kid a pâhu.
dikil datogé	a kid a tahu.

voir, apercevoir.	gis, sën.
L'ouïe.	Ndégé b., nopa b.
Le bruit.	Rir b., ntov l.
entendre.	déga.
Il a l'ouïe fine.	hot na nopa.
La gustation.	Safo g.
Le goût.	Ntafo g.
goûter.	mos, ñam.
savourer.	ñîmentu, ñamentu.
L'odorat.	Bakan b., hêñtu b.
Une odeur.	Ab hêt.
sentir bon.	hêñ.
— mauvais.	hasav, hèsèv.
flairer.	hêñtu.
Le tact.	Lâl b.
toucher.	lal, lamba, lambatu.
sentir.	veg.
L'attouchement.	Lamba b., lâl b
La sensibilité.	Noyay b.
sensible.	noy.
L'insensibilité.	Dehcray b.
un homme insensible.	ku deher.

Facultés de l'âme.
Sensation.
Vertus et Vices.

Mômèl i fit.
I ité'm.
Mbâhèl ak Lago.

L'admiration.	Yëm g., ndomi g.
chose admirable.	lu di yëmlô, di domalô
admirateur.	ku di yëm.
admirer.	sêtân, domi.
L'adresse.	Nhérèñ g.

kaduk, kagandèn	gi, ga, dôk.
Kadam	Nanir k., nof n.
Karint	Hin l., tôv l.
kadam	nan.
asunsum sidan	a hoda nof.
Kasum aku	A safôd al.
Kasum	A saf al.
kadakèn	ñim.
kalak	hèmdadoh.
Kating aku	O ñis ol., a kêñtah al.
Kating	A kêñ al.
kating kasumé	hêñ.
— kafuté	hôñ.
katingèn	hêñnôh.
Kagor aku	A tuk al.
kagor	duk, sabin.
kahas	yèg.
Kamafèn aku	A tuk al.
Ñisu añu	Dom, diko.
kameng ñisu	may dom.
Kabadut ñisu	Ñak dom, ndir n.
an abadut ñisu	oha ñakna dom, dir.

Vah van yal éhasé.   **Tégèl no lâv.**

Madaké. Madakut.   **Pâhèl fo Pardèl um.**

Kagago aku	Ndomi n.
vah vagagé	ka nâ domandâ.
an agago	oha nâ domâ.
kagagoé.	dêtân.
Kaseli aku	Bâné n.

Français	Volof
adroit.	hérèñ,
Maladresse.	Nhérèñadi g.
maladroit.	hérèñadi.
L'affabilité.	Lèvay b., lèvté g.
affable.	lèv, yévèn.
L'affection.	Ntofèl g.
affectueux.	ku sopé.
affectionner.	sopa.
L'affliction.	Nahar g.
affliger.	nahari.
s'affliger.	naharlu.
L'ambition.	Begébegé b.
ambitieux.	ku begébegé.
L'amitié, l'amour.	Nharit g., ntofèl g.
aimer.	sopa, harito.
un ami, une amie.	harit bu gör, — digèn
l'amant, l'amante.	far v,, danha b.
L'antipathie.	Mbañé g., bañanté g.
antipathique.	bañ.
L'attention.	Ndeglu g.
attentif.	né dak di deglu.
L'audace.	Ñémèñ g., ndambar g.
audacieux.	dambar, ku ñémèñ.
oser.	ñémèñ.
L'avarice.	Nëgari g.
avare.	ku nëgari, dang loho,
L'avidité.	Nhéré g.
avide.	hèr.
La bienfaisance.	Lâ-bîr g., bâhay g.
être bienfaisant.	lâ-bîr, bâh.
Le bon sens.	Am sago g.
être sensé.	am sago.
La bonté.	Bâhay g.

Diola	Sérèr
an aselié	vâné.
Kaséliul, bufalé	Ñak bâné n.
an aséliul, an afalié	vânédar.
Kasum aku	Lévandé f., lèv n.
an asumé	lèv.
Kafañ aku.	O pèhèl ol.
an asumé.	oha fèhna.
kafañ.	fèh.
Kateñèn aku.	Nakad n.
kateñèn.	nakadand.
kateñèn.	nakadôh, nakadu.
Hukov baruké.	Mbughugé n.
an ata hukov haruké.	oha bugébugéna.
Bafalum abu.	Ngârit n., mbèhir n.
kafañ.	fèh, ngâritir.
afal aniné, afal anaré.	haril fa ngôr, — ndèv.
afur av, asungut av.	o fès ol., o tog oh.
Bulètor abu.	Mbañir n., mbañanté n.
alètor av	fañ.
Kadantèn aku.	A nangilah al.
eylo kadantèn.	nangiloh.
Kayenki.	A sad al., ndâmbâr n.
an ayenkié.	dâmbâr, o kin o sadu.
kallalé hukov.	sad.
Bulatèn abu.	Négadar n.
an alaténé.	o négadaru, sadku.
Magam amu.	Ngabtul n., ndid n.
an agamé.	did.
Masum amu.	O môs o fûd ol., o pâhèl.
masum.	môs o fûd.
Buynum.	Dég-sagu f.
kabad buynum.	dég sagu.
Masumèr amu.	O pâhèl ol.

Français	Volof
être bon.	bâh.
La bravoure.	Ndambar g., ngör g.
montrer de la —	görgörlu.
brave.	gör, ku dambâr.
Le calme.	Têy g., têylu g.
un homme calme.	nit ku têy, ku nopi.
La calomnie.	Sos v., sosal b.
calomnieux.	sos.
un calomniateur.	soskat, sosalkat.
calomnier.	sos, sosal.
Le caractère.	Diko d.
Le chagrin.	Ñahar g
chagrin.	naharlu.
chagriner,	yob nahar.
se chagriner.	naharlu, métitlu.
La charité,	Ntofèl g., lâ-bîr g.
être charitable.	lâ-bîr.
La chasteté.	Sêtay g.
être chaste.	sêt.
La clémence.	Lâ-bîr g.
implorer la —	yeremtu.
être clément.	vomba bâalé.
La colère.	Mêr g. (mêr.
être colère, irascible.	nahari diko, gav a
La compassion.	Yermandé g.
être compatissant.	yeremé.
La confiance.	Kólu g.
être confiant.	yomba ölu.
se confier, se fier.	ölu.
La constance.	Ntaku g., fitna g.
être constant.	taku.
Le courage.	Ñémêñ g., ndambar g.
être courageux.	ñémêñ, dambar

Diola	Sérèr
an asumé	fâh.
Humaliéñg ahu.	Ndambar n., a ṭad al.
kais hayné.	gôrgôrlôh.
humaliéñg.	o sadu, ḍambâr.
Kabaḍèn aku.	A yôb al., o bûtèl ol.
an abaḍéné.	o yôbu, o bûlu.
Kakaḍèn kaḍav aku.	A pèr al., a sos al.
vah eylo kakaḍèn kaḍav	fèr, sos.
an eylo kakaḍèn kaḍav	o pèfèr oha.
kakaḍèn kaḍav.	fèr, fèrand.
Hukov ahu.	Diko f.
Mateñi ahu.	Ñakad n.
mateñièn.	nakadôh.
kateñièn.	bis nakad.
kateñièn.	nakadôh.
Kayièn aku.	O pèhèl ol., o môs o fûd
an eylo kayièn.	môs o fûd. (ol.
Kassonièn aku.	A kôlah al.
an asoniéné.	hôl.
Kahonkèt aku.	Mbâsan n.
kahlav kabonkèt.	vâsanoh.
an eylo kabonkèt.	yob o vâsan.
Kahlèt aku.	A pûh al.
an ahiré di kahlèt.	fédar fooy, ñof o fûh.
Kabonkèt.	Yirmandé fan.
an eylo kabonkèt.	yirmoh.
Kainèn aku.	Kôlah n.
an eylo kainèn.	yôh hôlôh.
kainèn hukov.	hôlôh, hôlu.
Kaffikkèn aku.	Pîr n., filna f.
an eylo kaffikkèn.	fir.
Kayenki aku.	Sad n, ndâmbar. n.
an ayenkié.	sad, ḍâmbâr.

La crainte.	Ragal g.
être craintif.	ragal.
craindre.	ragal.
Un crime.	Ñavíèf g.
être criminel.	sâysây
La cruauté.	Nëgé b.
être cruel.	nëg.
La curiosité.	Ndèñ-kumpa g
être curieux.	dèñ kumpa.
Le découragement.	Yohi g., tohi g.
décourager.	yohilo.
Le dégoût.	Sapi b.
Le déplaisir.	Nahar g.
déplaire.	nahari, tóñ.
L'espoir.	Yâkar g.
espérer.	yâkar.
Le désespoir.	Ñâka-yâkar g.
Le désir.	Hémém g., begél b.
désirer.	bega, hémêm. (kat b.
désireux.	begekat b., hémêm-
La diligence.	Nɪavarté g., gâvantu g.
être diligent.	savar, ku gâv.
La dissimulation.	Mikar g.
dissimulé.	mikar.
La docilité.	Ndégalé g.
La douceur.	Nèh-dérèt g., lévay g.
être doux.	nèh, lèv.
La douleur.	Mètit g., nahar g.
être douloureux.	méti, nahari.
La duplicité.	Lahas g.
La dureté.	Nëg g.
être dur.	nëg.
L'effronterie.	Révandé g., lubuté g.

Diola	Sérer
Kakoli aku.	Nṭadar n.
an akolié.	sadar.
kakoli.	sadar.
Buik.	O ndakad ong.
an akané buik.	sâsâv.
Malaful amu.	Nṭohod n.
an alafuté.	sohod.
Kadudukor aku.	Mbat-kumpa n.
an aylo kadudukor.	bavat-kumpa.
Kabéyièn aku.	Palob.
kabéyièn.	pal.
Kahoòk aku.	A pas al.
Kateñièn aku.	Nakad n.
kateñièn.	nakad, tòñ.
Kakegum aku.	Yâkàr n.
kakegum.	yâkàr.
Kabadul kagégum.	Ñak-yàkàr n.
Kafañ aku.	A hémém al., o pugèl ol.
kafañ.	bug. hémém.
an afañé.	o pugug, o kéhémém.
Kañinkan aku.	Savar fan., a ñofandah al
an añinkané.	savar, ñof.
Kafatikèm aku.	A yémémar al.
an afatikémé.	o yémémar.
Kadam aku.	A nanan al.
Huñ hadaké.	A pèl-fooy al., a lèv al.
an abadéhuñ basumé.	fèl, lèv.
Masendi amu.	O domèl ol., nakad fan.
massendié.	domu, nakadu.
Buholo abu.	Lahas fan.
Kayibét.	A kés al.
yibét.	hès.
Mafak amu.	Révandé f., a lùbah al.

Français	Volof
être effronté.	rêv, lûbu.
L'ennui.	Tayi g.
ennuyer.	lolal, tanhal.
L'entêtement.	Deger-bopa g.
être entêté.	deger bopa.
L'envie.	Kañan g., ây-bîr g.
être envieux.	añan.
envier.	hémêm, añané.
L'équité.	Dubay g.
équitable.	dub, êm.
Une erreur, méprise.	Ndûm g., tom g.
se méprendre.	tom.
L'esprit.	Nhèl m
L'estime.	Nav g., apa m.
ce qui est estimable.	lu met a nav.
estimer.	nav, apa.
L'étonnement.	Domi g., yëm g.
La surprise.	Mbèté g.
étonner.	domal.
surprendre.	bèta.
L'étourderie.	Têyluadi. g.
être étourdi.	têylodi, ñaka têylu.
L'étude.	Ndemantu m., ndanga m.
être studieux.	sopa demantu.
étudier.	danga, sêtlu, demantu
La fausseté.	Fèn v., nar v., kati v.
faux.	lu amul.
La fermeté.	Degeray g., ntaku g.
être ferme.	deger.
La férocité.	Ntohorté g., nëgé h.
être féroce.	sohor, nëg, ñûl butit.
La fidélité.	Ntaku g.
être fidèle.	taku.

an afaké.
Kalemèn aku.
  kalemèn.
Kallal bukov.
  an allalé bukov.
Kalikanor aku.
  an aylo kalikanor.
  kalikanor.
Manabèr amu.
  vah vanubé.
Katilimbèn.
  kamodèn.
Buyoum abu.
Kallièn aku.
  vah va famé kallièn.
  kallièn.
Kagago.
Kafufo aku.
  kagago.
  kafufo.
Kalilivor aku.
  an alilivoré.
Kallikèn.
  an afañé kallikèn.
  kallikèn.
Batut abu.
  batut.
Kallal aku.
  dallalal.
Malafut amu.
  alafuté.
Kafikkèn aku.
  kafikkèn.

rêv, lûbôh.
A kèr al.
  hèrin, bérand, makil.
Sadik-hôh l.
  sadik hôh.
Kañan n., farḍ o fûd ol.
  hañan.
  hémèm, hañanit.
O tofèl ol.
  tofu, podu.
A kal al.
  hal.
Yîf l.
Niv l., o ngap ong.
  ka doyna nivèl.
  nîv, hap.
Domi fan.
Ö mbèt ong.
  domand.
  bèt.
Môfadar. n.
  môfadar.
A akatah al., a tangah al
  fèh akatah.
  dang, dètloh. akatoh.
A mâh al.
  légèr.
A sadik al., mbir n.
  sadik.
Ntohod n., nèg n.
  sohod, nèg, balig o fûd
Mbir n.
  fir.

La fierté, la hauteur. Gabuté g., rêvandé g.
  être hautain.   gabu, rêv, lûbu.
La folie. Ndof g.
  fou, folle.   dof.
La franchise. Déga g.
La fureur. Say b.
  être furieux.   say.
La gaîté. Nêh-dérèt g.
  être gai.   nêh dérèt.
  s'égayer.   foantu, rè.
La gourmandise. Fuhalé g., tit g.
  être gourmand.   tit, fuhalé.
L'habileté. Hérêñ g.
  être habile.   hérêñ.
La haine. Sibèl g., bañanté b.
  être haïssable.   met a sib, met a bañ.
  haïr, détester.   sib, bañ, sika.
L'héroïsme. Ndâmbâr g.
  un héros.   ab dâmbâr.
L'honneur. Ndom g., téranga g.
  être honorable.   met a téral.
La honte. Ntorohté g.
  être honteux.   toroh.
  être éhonté.   ñaka dom.
  rougir.   rus.
L'horreur. Sihlu g.
  éprouver de —   sihlu.
  être horrible.   ñâv.
L'humanité. Yérmandé g., lâ-bir g.
  être humain.   lâ-bir.
L'humilité. Sufèlu g.
  être humble.   sufèlu.
L'hypocrisie. Mikar g., lahas g.

Ñagaṭ añu. | A gop al., révandé fan.
an agaṭé. | gop, rêv, lûbôb.
Bussongel abu. | Ndof n.
essong. | dof.
Vah vanaborut di batut. | Ndigil n.
Kagaño aku. | Say n.
an agañoé. | say.
Massum anu. | A pèl-fooy ai.
an asumé. | fèl fooy.
kabébérèn. | gaslôh, dal.
Magam anu. | A lid al., a pug a ñâm al.
an agamé. | did. bug a ñâm.
Kasselié aku, busèlé abu | Bané n.
an aselié. | vâné.
Bulétor abu. | Mbañir n., â sib al.
vah va famé bulétor. | doy o sibèl, doy fañèl.
bulétor. | sib, fañ, sik.
Humaliengéto ahu. | Ndâmbâr n.
an akané humaliéng. | dâmbâr.
Katokor aku. | Dom l., o lédèl ol.
vah va famé katokor. | doy o nivèl.
Ñisu añu. | A sèd al.
an assué. | sèd.
an abadut ñisu. | ñak dom.
ñisu. | sèd.
Katind aku. | Sibid n.
katind vah. | sibid.
kagotié. | farid. fûd ol.
Kabonkèt aku. | Yirmandé fan., o mos o
an daké buynum. | mos o fûd.
Katitiénoro aku. | A névandah al.
katitiénoro. | névandôh.
Hunuyun ahu. | Yémémâr n., lahas í.

Français	Volof
hypocrite.	mîkar, lahaskat.
L'ignorance.	Hamadi g.
être ignorant.	hamadi.
L'imbécilité.	Ndèsé g.
être imbécile.	dèsé.
L'impatience.	Muñadi g
être impatient	muñadi.
s'impatienter.	muñadi.
L'impolitesse.	Ngorédi g.
être impoli.	ñaka ngor, ñaka orma
L'imprudence.	Têylôdi g.
L'impudence.	Ñaka-galé g., ñaka-
L'incertitude.	Vôradi g. (dom.
une chose incertaine.	lu örul.
L'inconstance.	Ñaka-taku g,
être inconstant.	ñaka taku.
L'indécence.	Tédadi g.
une chose indécente	lu tédul.
L'indifférence.	Ñaka- âdo g.
être indifférent.	ñaka âdo.
L'indiscrétion.	Ratah-lamèñ g.
un indiscret	ku ratah lamèñ.
L'indolence	Taèl g.
être indolent.	taèl.
L'indulgence.	Tiné g., mbâlé g.
être indulgent.	yomba tin, — baalé.
L'ingratitude.	Nharab g.
l'ingrat.	harabkat b.
L'inimitié.	Mbañanté g., mbañé g.
l'ennemi.	mbañ m.
L'iniquité.	Ñâvtêf g.
une chose inique.	lu ñâv.
L'insolence.	Gabuté g.

an akané hunuyun.
Kahasut vah.
  an ahasut vah.
Kanesu aku.
  kaneso.
Kaylat kamutén.
  an avlat kamutén.
  kamuténati.
Kassoniénati aku.
  an assoniénut.
Kainorédit aku.
Kabadati ñisu.
Kamantèr aku.
  vah va mantéri.
Kafikkénati.
  an avlat kafikkèn.
Ekusum ay.
  vah ata ékusum.
Kagan hukov.
  an gané hukov.
Kahir butum.
  an ahiré butum.
Kaléli aku.
  an alélié.
Kabonkèt aku.
  kahiré kabonkèt.
Kamodèn madak.
  an amodéné madak.
Kalator aku.
  alator av.
Buik.
  vah vata buik.
Nagat añu.

yémémâr, lahas.
Andadar n.
  andadar.
Yokit n.
  yokit.
Muñadar n.
  muñadar.
  muñadar.
Ñak-goré fan.
  ñak goré, ñak horma.
Ñak - dètlah fan.
Ñak-gati l., ñak-dom l.
Ngôladar n.
  kâ hôlèrna.
Mbîradar n.
  firadar.
Tèdadar n.
  ka tèdèrna, tédadaru.
Ñak-hâdo l.
  ñak hado.
Bodah o don ol.
  bodoh o don.
Tail n.
  tail.
Tin n., a bâs al.
  yôb o vâsan.
Harab fan.
  o harab oh.
Mbañir n., mbañantè n.
  o pañ oh.
A tofèr al.
  ka dofèrna.
A gop al., rèvandé fan.

un insolent.	ku gabu.
L'insulte.	Tôñ v.. saga b.
insulter.	tôñ, has, saga.
L'intempérance	Téperé g.
l'intempérant.	téperékat b.
L'intérêt.	Ndériñ m.
L'intrépidité.	Ndeger-hol g.
être intrépide	ñemèñ, deger hol.
La jalousie.	Ñé g., mpîr m.
être jaloux.	añan, fir.
La joie.	Mbëg m., banèh b.
être joyeux.	bëg.
Le jugement.	Até g.
être judicieux.	baré sago.
juger.	até.
La justice.	Ndubay g.
être juste	dub.
La lâcheté.	Ragal g.
un lâche.	ab bahar, ab ragal.
La lenteur.	Yihay g., yihté g.
être lent.	yîh.
La légèreté.	Voyèfay g.
être léger.	voyèf.
La libéralité.	Yévèn g., nègé-mayé g.
être libéral.	yévèn, nèg a mayé.
La liberté.	Ndâmbur g.
homme libre.	dâmbur b.
Libre arbitre.	Ndâmbur i bopa g.
La loyauté.	Ngor g.
être loyal.	goré.
La malice.	Mûs g., ntohorté g.
malicieux.	mûs, sohor.
La méchanceté.	Ntohorté g.

an agaté.
Kagél aku.
    kagél.
Magam amu.
    an agamé.
Bulima abu.
Humaliengéto.
    akané humaliéng.
Katikanor.
    katikanor.
Masum amu.
    esuma hukov.
Katib aku.
    kabaqé buynum.
    Latib.
Manaber aku.
    kanab.
Bukohté abu.
    an akohtié.
Bukuré abu.
    kakuri.
Kayili aku.
    kayili.
Kadi aku.
    adia av.

    hubuk.
An-o-an huk'ol.
Kasonién aku.
    kasonién.
Katûko aku.
    an atukoé.
Malaful amu.

    rêv, gop.
Vên la.
    tôñ, vên.
Habib fan., a pug a ñâm.
    o kabibu, o pugu ñam.
O ndiriñ ong.
Sadik hêñ l.
    sad. sadik hêñ.
Kañân n., nâl n.
    o kañâu oh., o nâl oh.
Mbêg n., banêh fan.
    bêg.
Haté fan.
    may sagu.
    haté.
O tofêl ol.
    dof.
Sadar n.
    sadar.
O nîdêl ol., a nid al.
    nîd.
O yélêfêl ol.
    yélêf.
Nêgil-lit n.
    nég lit.
Ndâmbûr n.
    dambur fan.
Ndambûr-hôh l.
Ngoré n.
    goré.
A did al.
    did.
A tohed l.

Français	Volof
être méchant.	sobor.
La médisance.	Ndev g., ndevaté g.
médisant.	devkat.
médire.	dev, devaté.
La mémoire.	Mpataliku m.
Le mensonge.	Fèn v., nar v., kati v.
le menteur.	fònkat b.
mentir.	fèn, nar, kati.
Mépris.	Hèbté g.
méprisable.	met a hèb.
mépriser.	hèb.
La négligence.	Ntagané g., sagan g.
être négligent.	sagan.
homme —.	sagankat b.
négliger.	sagané.
La nonchalance.	Ntaèl m.
être nonchalant.	taèl.
L'obéissance.	Ndégalé g.
l'obéissant.	dégalkat b.
obéir.	dégal, dégalé.
L'obligeance.	Ndimal m., volu g.
l'obligeant.	volukat b., dimalikat b
L'obstination.	Ndeger-bopa g.
être obstiné.	deger bopa.
s'obstiner	deheral bopa.
L'orgueil.	Réyréylu g.
être orgueilleux.	réyréylu.
s'enorgueillir.	réyréylu.
L'oubli.	Mpaté g.
oublieux.	ku vomba faté.
oublier.	faté.
La paix.	Dama d.
paisible, pacifique.	nit u dama.

an alafuloé.
Kulobor aku.
  alobra.
  kalobor.
Kabahlèn aku.
Batut abu.
  aluta av.
  katut.
Kakehl.
  Vah vafamé kakehl.
  kakehl.
Kabétèn huk'ov.
  kabétèn hukov ol.
  abétèna hukov ol.
  kabétèn.
Kaléli aku.
  kaléli.
Kadam aku.
  adama.
  kadam.
Karambèn aku.
  arambêna.
Kahlahl hukov, hemeko.
  kahlahl.
  kahlahl.
Katéb hukov.
  katéb hukov, hemeké-
  Latéb hukov.   (to.
Kamodèn aku.
  amodèna.
  kamodèn.
Kasumay.
  an ata kasumay.

  sohod.
Ñu n., ñuir n.
  o ñññu oh.
  ñu.
A pétandah al.
O mâb ol.
  o mâmâb oh.
  mâb.
Ngéf n.
  doy o héfèl.
  hef.
A sagan al.
  sagan.
  sagan fan.
  sagnil, yapat'l.
Ntail n.
  tail.
Nanan n.
  o nànanan oh.
  nanan.
Ndimil n., ndufig n.
  o ludufig oh., o li-
Sadik-hôh.   (dimil oh.
  sadik hôh.
  sadkand hôh.
Rèv n.
  rèv.
  rev.
Mbèl n.
  péhèl oh.
  vel.
Dam fan.
  o kin'dam.

La paresse.	Taél g.
paresseux.	taél.
Une passion.	H.rté g.
se passionner.	luru.
La patience.	Muñ g.
être patient.	muñ.
patienter.	muñ.
— — avec quelqu'un.	muñal.
La peine.	Nabar g., métit g.
être pénible.	méti, nabari.
La pensée.	Nhalat m.
être pensif.	baré halat.
penser.	halat.
La perfidie.	Or b.
perfide. —	orkat b.
La persévérance.	Fitna g., ntaku g.
persévérer.	taku, am fitna.
La peur.	Ragal g.
peureux.	ragal.
La piété.	Ndulit g.
pieux.	dulit.
La pitié.	Yermandé g.
pitoyable.	met a yerem.
s'apitoyer.	yerem.
Le plaisir.	Banéh b.
plaire.	néh.
La politesse.	Orma g.
être poli.	baré orma.
La présomption.	Ñéméñ-Yalla g.
présomptueux.	ñéméñ Yalla.
La prévoyance.	Tandalé b., tolatlé b.
prévoir.	tandalé, tolatlé.
La probité.	Goré g., ngor g.

Diola	Sérèr

Kaloli aku.
  alèl av.
	Ntail n., mbos n.
	  tail, tos.

Buvnum badakut.
  kafañ buy num badakut
	Hirté fan.
	  h.ròb.

Kamulèn aku.
  amulèna.
  kam:tèn.
  kamutènèn.
	Muñ n.
	  muñ.
	  muñ.
	  muñand.

Kateñièn aku.
  kaleñièn.
	Nakad n.. o domèl ol.
	  dom, fèdar.

Buinor.
  kameng buinor.
  kainor.
	O ngalam ong.
	  may a kalam.
	  halam.

Buholo abu.
  aholoa av.
	Ngod n.
	  o kòhod oh.

Kafikkèn aku.
  kafikkè i.
	Mbír n., o kisèl ol.
	  fir, his.

Kakoli aku.
  an akolié.
	Tadar n.
	  sadar.

Kafañ Emit.
  an afañé Emit,
	Ndulit n.
	  dulit.

Kabonkèt aku.
  vah afamé kabonkèt.
  kassabor.
	Yirmandé fan.
	  doy o yirmèl.
	  yirimtoh.

Masumèr amu.
  kasum.
	Banéh fan.
	  fèl.

Kasonièn aku.
  kasonièné.
	Horma fan.
	  may horma.

Kayenki Emit.
  an ayenki Emit.
	A sad-Rôg al.
	  sada Rôg. (dah n.

Kalofo aku.
  alofo.
	A détakinah al., ngéka-
	  détakinoh, gékadôh.

Kabad burim hano.	Ngoré n., ngor n.

Français	Volof
être probe.	goré, vor.
La prodigalité.	Yaha g., salah g.
prodigue.	yahakat b., salahkat b.
prodiguer.	yaha, salah.
La prudence.	févlu g., sellu g.
être prudent.	tèvlu.
La pudeur.	Téday g., gaté g.
être pudique.	tèda, sèl.
La rage.	Say g.
La raison.	Sago s.
être raisonnable.	anda'k sago.
raisonner.	véranté.
La rancune.	Tongu b.
— mutuelle.	tongo b., tongoanté b.
rancuneux.	yomba tongu.
La reconnaissance.	Ngerem g., mpataliku g.
reconnaissant.	gerem.
reconnaître.	gerem, fataliku.
La réflexion.	Halat m., rabat v.
réfléchir.	halat, rabat.
Le regret.	Rèṭu g.
regretter.	naharlu, rèṭu.
Le repentir.	Rèṭu g.
se repentir.	rèṭu.
La répugnance.	Sihlu g.
répugnant.	sapé.
La résolution.	Fasu b., ébuté g.
être résolu, détermi-	faso, ébu, nhèlu.
se résoudre. (né.	faso, ébu, hèlo.
Le ressentiment.	Mèr g.
ressentir.	yég.
La ruse.	Musé g., nahé b.
être rusé, subtil.	mus, nahé.

an afa hurim hano.
Kakadèn vah.
  akadèna vah.
  kakadèn vah.
Kakittèn aku.
  akittèna.
Kafañut madakut.
  an afañut madakut.
Kagaño aku.
Buynum.
  kabad buynum.
  kagès mahlagèn.
Kadok kahlèt di huñ.
  kadokor kahlèt di huñ.
  adoka kahlèt di huñ.
Kabahlèn madaké.
  abahlèna madaké.
  kabablen.
Buïnor.
  kainor.
Egakèn ay.
  kadok d'égakèn.
Egakèn ay.
  kadok d'égakèn.
Katind aku.
  vah va famé katind.
Kanong aku.
  kanong.
  kadok di hunong.
Kahlèt âku.
  kabad kahlèt.
Butûko abu.
  katuko.

goré.
Yak n., salah fan.
  o vâyak oh., o sâsalah
  yak, salah.   (oh.
A dètlah al.
  dètloh.
Tèdanga fan., gati fan.
  tèd, hôl.
Say n.
Sagu fan.
  vôn fo sagu.
  ñumatir.
Dègôr n.
  mbuhir n.
  kahalatoh.
Ngidim n., a pètandah
  kigidimoh.   (al.
  gidim, vètandôh.
O ngalam ong.
  halam.
A titah al.
  ritôh.
A titah al.
  ritôh.
Sibid n.
  doy o sibdèl.
A kèbah al.
  hèbôh.
  hèbôh.
Fûh l.
  yég.
O did ol., nah n.
  did, nah.

Français	Volof
La sagacité.	Hérêñ g., ñav-nhèl g.
être sagace.	hérêñ.
La sagesse.	Sago s.
sage.	borom sago.
La sensibilité.	Kèrsa g.
être sensible.	baré kèrsa.
La sincérité.	Ngor g., voray g.
être sincère.	or. goré.
Un souhait.	Kèné g.
souhaiter.	èné.
Le soupçon.	Ndortu g., fogèl b.
soupçonner.	fog, dèfè, dortu.
soupçonneux.	fogkat, dèfèkat.
La stupidité.	Ñoradi g., ndof g.
être stupide.	ñoradi, dof.
La sobriété.	Èmay b.
être sobre.	èm, tuh.
La sympathie.	Ntofèl g.
sympathiser.	sopa, nèh.
La témérité.	Ñémèñ gu tepa g.
être téméraire.	ñémèñ bè dof.
La tendresse.	Ntofèl g., sopé g.
être tendre.	sopé.
La terreur.	Ntit g., ret g.
terrible.	lu di titalé.
La timidité.	Ragal g., kèrsa gu tépa.
être timide.	ragal, epa kèrsa.
La tristesse.	Yogorlu g.
être triste.	yogorlu.
La tromperie.	Nahé b.
tromper.	nah, nahé.
trompeur.	nahékat b.
La vanité.	Balènt b., tahan g.

Kaïofo.
  aïofé.
Buynum.
  an abadé buynum.
Ñisu añù.
  an abadé ñisù.
Kafañ mahlagén.
  an afañé mahlagéa.
Kafañ madaké d'an.
  kafañ madaké d'an.
Kin vah d'an.
  kain vah d'a·.
  an aylo kain vah d'an.
Kanese aku.
  kanese.
Kagamati aku.
  an agamut.
Kaboli aku.
  kabolior.
Kayenki kahahé.
  an yenkié hah.
Kaboli aku.
  an abolié.
Kavolo aku.
  vah va famé kakoli.
Bukohlé abu.
  an akohlié.
Kabututénor aku.
  kabututénor.
Kabunt aku.
  kabunt.
  abunta.
Vah vabadut hukov.

Bàné n., dèg yif l.
  vâné.
Sagu fan.
  yàl sagu.
Kèrsa fan.
  may kèrsa.
Ngoré n., ngôlid n.
  hôl.
Kènia n.
  bènia.
O fôgil ol.
  fôg.
  o pofôgoh.
Mbôradar n., yokit n.
  fôradar.
Mbodand n.
  fod.
Mbék n.
  féh.
A sad a kupu l.
  sad bô dof.
O péhèl ol.
  féh.
Did l.
  kà na didandà.
Tadar n., kèrsa fa ngupu
  sadar, hupid kèrsa.
A yogorlah al.
  yogorlôh.
A nah al.
  nah.
  o nânah oh.
A kâd al., ṭâhân fan.

être vaniteux.	badané, tahan.
La vengeance.	Toñarbi g., mpeyat g.
vengeur.	fèyukat b.
venger.	fèyul.
se venger.	fèyu, toñarbi.
La vérité.	Dega g.
c'est vrai.	dega la.
La vertu.	Mbahèl g.
homme vertueux.	nit ku bâh.
Le vice.	Lago b.
être vicieux.	am i lago.
La vigilance.	Ntopato g.
être vigilant.	men a topato.
La vivacité.	Yengatu g.
être vif.	yengatu.
vivifier.	dundal, may yengatu.
La volonté.	Begèl b., sago s.
vouloir.	bega.
La volupté.	Banèh b., belis b., mbeh
être voluptueux.	sopa banèh. (m.
Le zèle.	Mparlu g., ntavarté g.
être zélé.	farlu, savar.

Degrés de la vie.   At u nit.

La vie.	Dunda g.
vivre.	dunda.
L'âge.	At y., magay b.
bas âge.	at ya ditu.
la fleur de l'âge.	at i vahambané,
l'âge de raison.	at i sago.

Diola	Sérèr
kabadut hukov.	bâdit, tâbân.
Kallukèn aku.	A takin al., a tafnah al.
allukéna.	tâdafdinôh.
kallukèn.	rafdinôhand.
kallukèn.	rafdinôh.
Mahlagèn amu.	Ndigil n.
mahlagèn.	ndigil o.
Manabèr amu.	O pâhèl ol.
an anabé.	o kîn o pâhu.
Kafullèn madakut amu.	Luhus n.
kafullèn madakut.	dèg luhus.
Katokor aku.	A topatah al.
kavli katokor.	dèg topatah.
Kalilivor aku.	Yonah n.
kalilivor.	yonôh.
karongèn.	ti yonah.
Kafañak aku	O pugèl ol., sagu fan.
kafañ.	bug.
Masum amu.	Banèh fan., mbilis fan.
an afañé masum.	bug banèh.
Ñinkan amu.	Mbir n., savar n.
kañinkan.	fir, savar.

Simit sata ahlokuan.

A kîd no kín.

Diola	Sérèr
Burong abu.	O ñôv ol.
karong.	ñôv.
Simit asu.	A kîd ak., o mâkèl ol.
simit safamut.	a kîd a advu ak.
eluta yata simit asu.	a kîd o fès.
simit sata buynum.	a kîd sagu.

Français	Volof
âgé.	magèt.
il est âgé de cinq ans.	am na durom i at.
La naissance.	Ndudu g.
naître.	dudu.
La croissance.	Magav b.
l'âge de croissance.	at i magay.
L'enfance.	Nhalèl g.
un enfant.	ab halèl, ab guné.
La puberté.	Tèngay b.
L'adolescence.	Ndavay g., far g.
adolescent.	far v., guné g.
La jeunesse.	Vahambané g.
jeune homme.	vahambané v.
quand j'étais jeune.	ba ma tolò ji suma va-
La virilité.	Ngor g.　　　hambané.
être viril.	met gor.
La maturité.	Magay b., ñoray b.
mûr.	gor gu mag.
La vieillesse.	Magétay b.
vieux.	magèt.
vieillir.	magèt.
La mort.	Dë g.
un mourant.	ku di dë.
un mort.	ku dë.
Un cadavre.	Ab niv.
feu.	dèm Yalla.

Vie civile.

Aduna.

Français	Volof
L'adoption.	Nangu b., ntehay g.
adopter.	nangu, domo.

kehallèn.
simil sono hulok da-badé.
Kabuki aku
kabuki.
Benk abu.
simil safa benk.
Huñilé.
añil.
Simil safa bumimo abu.
Hufurèto abu.
afur.
Hufurèto abu.
afur.
nan dilakenum añil.
Hubâné abu.
huhané.
Simil safa huhâ'é.
an ahan.
Huhallèn abu.
an ahau.
kahallèn.
Ekèl ay.
akèta.
akèta.
Ebulung.
saman.

mâk.
a déga a kid a bétak.
A linmah al.
rinmoh.
A mâk al
a kid a mâk al.
Ndébandông n.
o ndébandông ong.
Pi l.
Ndébandông n., a pès al.
o sângéd ol.
A pès al.
o fès ol.
ya fodûma n'pès és.
Ngòr n.
fad o kôr.
A mâk al.
o kôr o mâk.
Nogoy n.
nogoy.
nogoy.
Fa ngon fan.
oha nâ honà.
o konu.
O dal.
oha honna.

Vah vata d'ari.

Kakumen aku.
kalumen.

Adna fana.

Ngol n., a lab al.
dab. nev. bioh.

Les affaires.	Ntopato y.
Une alliance.	Mbokèf g.
s'allier avec.	digalé ak.
Le bien.	Alal d., amam g.
Une carrière.	Ab détay.
Une créance.	Ab bor, ab lèblé.
un créancier.	lèbalkat.
un débiteur.	lèbkat.
La dépense.	Salah b.
dépensier.	salahkat b.
coûteux.	dafé ndég.
dépenser.	salah.
Un dépositaire.	Ab dèntakat.
La détresse.	Ntoskaré g.
être en détresse.	toskaré.
Une dette.	Bor b.
s'endetter.	am i bor.
devoir.	lèb.
Le divorce.	Fasé b., mpasé m.
divorcer.	fasé.
Le domicile.	Ker g., deka g.
être domicilié.	deka.
Le droit.	Sañsañ b.
Un emprunt.	Lèb g.
emprunter.	lèb, aba.
L'état.	Détay b.
Un enfant légitime.	Dom u séy yoa Yalla.
La fortune.	Amam g., alal d.
faire fortune.	am alal.
La gloire.	Ndam l.
glorieux.	am ndam.
Un gage.	Ab taylé.
L'habitude.	Tamèl g., tamèf g.

Diola	Sérér
Katokor aku.	Topatôh ké
Hubuké.	Mbokat n.
bunimò	ndérit fo.
Ebad ay.	Halal fan., a lég al.
Burôk.	Détay.
Butâg.	Ndav n.. ndavandit n.
alagèna.	o taravand oh.
alaga.	o lavu'h.
Kabélén aku	Salah n.
abélèna.	o sàsalah oh.
vah va sendie hunom.	dom ndigand.
kabélén.	salah.
Anèna.	O kégék.
Husukâténé ahu	Ntoskaré n.
kalako kusukatèn.	toskaré.
Bokor.	Ndav n.
kabad bokor.	réf fo lav.
katâg.	rav.
Buïssor abu.	Ngadir n.. las n.
kaissor.	hadir.
Hank ahu.	Mbind n., a kèn al.
kakin.	gèn.
Kakañén.	Sañsañ fan.
Butâg.	Ndav n.
katâg.	rav.
Bôno abu.	Détay fan.
Añil ala bunimo.	O bi a tolah Rôg.
Ebad ay,	A lég al.. halal fan.
husanumeto.	dég halal.
Kassal aku.	O ndam ong.
kabad kassal.	dég ndam.
Butag.	Ngasnil n.
Ka uliéa aku.	A mér al.

Français	Volof
habituel.	tamé.
L'héritage.	Ndono b.
un héritier.	dono d.
hériter.	dona.
Le legs.	Ndono b., mbatalé g.
légataire.	donalékat b.
léguer.	donalé.
Légitime.	Lu av yon.
légitimer.	aval yon.
Le malheur.	Ndogal g., kasara g.
être malheureux.	ayu.
Le mariage.	Séy b.
marier.	séylo.
se marier.	séy.
épouser.	séy ak
Les nécessités.	Sohla s.
être nécessaire.	sohlé.
Les noces.	Ntët l.
Un nom.	Tur v.
nommer.	tuda.
Une occupation.	Ntopato b.
être occupé.	dapa.
La pauvreté.	Miskin g.
pauvre.	miskin.
La possession.	Amam g., alal d., mô-
posséder.	mòm.　　　(mèl d.
Un prénom.	Tur v.
Un prêt.	Lèbal g.
prêter.	lèblé.
La primogéniture.	Ntâv g.
premier-né.	tâv b.
La propriété.	Mômèl g.
La société.	Mbotay g.

vah van du'ullê.
Butouvo abu.
  atouva av.
  katouvo.
Butouvo abu.
  atouvêna.
  katouvên.
Vah vanabé.
  kanabên.
Buik abu.
  husu.katéné.
Bunimô abu.
  bunimô.
  bunimé.
  kahl k.
Madokèr amu.
  madoké.
Hu..lugéa ab..
Kadav.
  kahoñ.
Burok.
  kabadênati.
Husukaténé.
  assukatén.
Ebad av.
  kabad.
Kadav.
Bulagén.
  katagén.
Atiara d'atubav ol.
  añil aiiar.
Kakilé aku.
Kaginor aku.

mérél.
Lam n.
  o lam oh.
  lam.
Lam n., mbâsanit n.
  o lâlamand oh.
  lamand.
Kâ rêfna dat.
  rêfand a dat.
Tàmàla n., kàsara fan
  may tàmàla.
A tolin al.
  dolin.
  dolôh.
  dolôh fo.
Sohla f.
  sohlaél.
Ngulôk n.
Gon l.
  né.
A topatah al.
  dam.
Mbâdôla n.
  bâdôla.
O dêg ol., halal f.
  dêg.
Gon l.
Ndavandit n.
  ravand.
Tàv n.
  Tàv f.
O tégèl ol.
Mbob n.

6

Français	Volof
Une succession.	Toflanté g., lopanté g.
succéder.	l. pa.
Un surnom.	Dalantal b.
Le travail.	Ligèy b.
travailler.	ligèy.
La tutelle.	Sama g.
tuteur.	sama b.
Les ancêtres, aïeux.	Mam y., mâmat y.
Les ascendants.	Mâm y., mâmat y.
Les descendants.	Sel y.
Les enfants.	Dôm y.
La généalogie.	Gir i mâm.
La ligne paternelle.	Géño g.
La ligne maternelle.	Het g.
Le bisaïeul	Mâmat mu gòr.
La bisaïeule.	Mâmat mu digèn.
L'aïeul.	Mâm mu gòr.
L'aïeule.	Mâm mu digèn.
Le père.	Bay b.
La mère.	Ndèy d.
Le fils.	Dôm du gor.
La fille.	Dôm du digèn.
Le petit-fils.	Sel bu gör.
La petite-fille.	Sel bu digèn.
L'arrière petit-fils.	Setal bu gör.
L'arrère petite-fille.	Setal bu digèn.
Le frère aîné.	Mag m.
Le frère puîné.	Ral a d.
Frère, sœur, (de père.)	Dôm 'bay.
Frère utérin, sœur utér.	Dôm 'ndèy.
Le jumeau, la jumelle.	Sib b.
Oncle, frère du père.	Bay bu ndav.
Oncle, frère de camlre.	Niday d.

Diola	Sérér
Kanabor.	Ndèpatir n.
kanabor.	rêf.
Kadav.	Mbafatin n.
Burok abu.	Talèl k.
karok, burok.	dal.
Hafov añil abu.	A fèv al.
afov añil, avayila.	o kagav.
Kuhan aku.	Dàn v., dànàt v.
Kuhan aku.	Dàn v., dànàt v.
Kuñil aku.	Fu ndàn n.
Bañil abu.	A bi ak.
Hubukandin. (av.	Dèa n.
Hubukandin hala atub	Kuntala l.
Hubukandin hala dav.	O tin ol.
Atubav ahan.	O fànàt o kòr.
Dav ahan.	O fanàt o tèv.
Atubav ahan.	O làn o kòr.
Dav ahan.	O làn o tèv.
Ätubay av.	Fap f.
Davav av.	Yâ f.
Añil aninè.	O bi o ngòr.
Añil anarè, assungutè av	O bi o ndèv.
Añol añil av aninè.	O ndàn o ngòr.
Añol añil av anarè.	O ndàn o ndèv.
Añil añil añol av aninè.	O ndànàt o ngòr.
Añil añil añol av anarè.	O ndènàt o ndèv.
Ati ahan av.	O màg oh.
ati atit av.	o ndèb ong.
Ati ata d'atubav.	O bi'fàp.
Ati ata di dav.	O bi'vày.
Maluba amu.	O sid oha.
Mamay.	Fàp fa ndèb f.
Atuba atit.	O tokòr oh.

Tante, sœur de la mère.	Ndèy du ndav.
Tante, sœur du père.	Badèn b.
Tante, femme de l'oncle.	Yumpañ d.
Le neveu.	Darbat du gör.
La nièce.	Darbat du digèn.
Cousin, cousine.	Raka d., mag d.
La famille.	Géño g., hèt g.
Les parents.	Và-dur.
Le mari.	Deker d.
La femme.	Dabar d.

Habits.

Le pantalon.	Tubéy d.
	Mbuba m.
	Turki b.
Un pagne.	Malan ma.
Un bonnet.	Mbahana m.
Le mouchoir de tête.	Métél b.
Les souliers.	Dala y.
Les bas.	Kavas y.
L'éperon.	Sèbré b.
La canne.	Êt v.
Le rasoir.	Sâlu s., ndûs s.
La ceinture.	Lahasay b.

Yéré.

Habitations.

| La ville | Deka b. |
| La capitale. | Pëy m. |

Ker.

Dav atil.
Asum faf.
Asék ata mamay.
Asampul aniné
Asampul anaré.
Ali, alin.
Hubakandin aku.
Hubuké ahu.
Ayin av.
Asék av.

Yây fa ndêb.
Fàp fa ndèv.
Yumpàñ f.
O ndokòr o ngôr ong.
O ndokòr o ndèv ong.
O mâg oh., o ndèb ong.
Kuñtala l., o tim ol.
Fng v.
O kôr oh.
O lév oh.

Vañ.

Etuturu ay.

Kahul.
Ekuhé.
Mussor ata hukov.
Sikatab'asu, sidala asu.
Kavas aku.
Ekikiribénum ata éfilind
Egol ay.
Evuñum ay.
Hukômo ahu.

Kulah.

Salésal n.
Ndoki n.
Turki f.
Pay n.
O mahana l., o dak ol.
A naf hôh al.
O muké ol., o ñafad ol.
Kavas f.
O sébré ol.
O dong ol.
Ndûs n.
O lahasôr ol.

Siluf ' asu.

Esuk ay.
Esuk ata cuy.

Mbind.

Sâté f.
O fisèl ol.

La maison.	Ker g.
La chambre.	Nëg b.
La porte.	Bunta b.
Le pavé.	Dar b.
La rue.	Mbéda m.
Le cimetière.	Robukay b., bamèl y.
L'âtre, foyer.	Tàl b.
La cuisine.	Vañ v.
La clef.	Tàbi d.
Le derrière de la mais.	Vanok v.
Le dortoir.	Nélavukay b.
La façade.	Bunt'i ker.
Le grènier.	Saha b.
Le réfectoire.	Lékukay b.
La fontaine.	Tën b.
La cloche.	Dololi b.
L'abreuvoir.	Vegukay b.
Une avenue.	Ab yôn.
Le poulailler.	Nguñu l.
Le berceau.	Laltay b.
Un bosquet.	Ab gol.
Un champ.	Ab tol.
La clôture.	Lëm b., ñak b.
La cour.	Ëta b.
L'écurie.	Vuda v.
Le balai.	Mbubukay b.
le manche.	dapukay b.
les balayures.	mbubit m.
balayer.	bub.
Un banc.	Ab togu.
bercer.	teral halèl.
Les langes.	Laltay b., lalay b.
Du bois.	Mata m.

Diola	Sérèr
Hank abu.	Mbind n.
Eluf ay.	A ndok al.
Kambilh abu.	O don o mâh ol., ndok-
Bahli abu.	O dung ol. (and n.
Fhu ay.	O mbêd ong.
Huhok abu, karëm kaho	Poy k.
Hulikën aku. (ké	Kébandand n., mbûdand
Hañulum abu.	A mbây al. (n.
Ekuhlum ay	O dâfu ol., o tâbi ol.
Kahat kuñanum.	Hulang f.
Hugol abu.	O féard ol.
Kambihl kata bank abu.	A tarin mbind n.
Bulong abu.	Ndap n
Hutéñum abu.	O nàmand ol.
Hubulum abu.	A ngas al
Hudélélëng abu.	O dôlôli ol., o vuyang ol.
Huhindoum hata sibé.	O yérnand ol
Butin.	A dat al
Eluf yata simanduk.	O ngunu ong., o ngun
Kahintoum kata añil.	Dâpah n. (ong
Huñôb.	Ngol n.
Kablak.	O kol ol.
Kahat.	Bit l., a ding al.
Huhañoûm abu.	O mâh ol.
Eluf yata éfilind.	Kud n.
Hunûm abu.	O léril ol.
husud abu.	Q damir ol.
buû abu.	Ñohod k.
kauû.	Lêl.
Einnum.	A môfir al.
kayimin kèn.	yêb o bi.
Kusagar kata añil.	Bab n.
Uyad.	O dûd ol.

Français	Volof
Du charbon de terre.	Keriñ u suf g.
Du charbon de bois.	Keriñ u mata g.
La flamme.	Takataka b.
La fumée.	Sahar s.
La suie.	Baghanosé b.
Le coussin.	Ngégénay l.
La cruche.	Guta g.
Le flambeau.	Nitu b.
La fontaine.	Ten b.
La cendre.	Dòm i tal.
Une glace.	Ab sêtu.
Un lit.	Ab lal.
Un traversin.	Ab ngégénay.
Un oreiller.	Ab ngégénay.
Les draps.	Malan u lal.
Les couvertures.	Mbada m.
Les pieds du lit.	Tank' i lal b.
La malle.	Vahandé b.
Le miroir.	Sêtu b.
L'aiguille.	Pursa b.
Les pincettes.	Nêm b.
La planche.	Hauha b.
La clef.	Tâbi b.
Le portrait.	Ñatal b.
Le seau.	Kungu b.
Le soufflet.	Upu b.
souffler.	upa.
Un tabouret.	Togu b.
Les bagages.	Ndap y.
Une bague.	Ab daru.
Le collier.	Taha b.
La coiffure.	Ñdumbal m.
Le bracelet.	Lam b.

Diola	Sérèr
Huméd bala dètam.	O somb lank k
huméd.	O somb dûd ol.
Kañalambûn aku.	Dulfân n.
Hakor ahu.	Fo sûn ol.
Busém abu.	Nàvos k.
Hukugénum ahu.	Kakandah n.
Erumba ay.	O kav ol.
Huhil ahu.	O yoboñ ol.
Hubulum abu,.	A ngas al.
Butuné.	Ndav fidél l.
Kadulorum.	O dêndôr ol.
Buhintoûm.	Ndong n.
Hukugénum ahu.	Kakandah n.
Hukugénum ahu.	Kakandah n.
Kahul kata buhintoûm.	Pay n.
Huhul kuhimènorum av.	Mbad n
Vot av vata buhintoûm abu.	A taf ndong al.
	Arka fan.
Eynégé ay.	O dêndôr ol.
Kadulorum aku.	O fit ol.
Ekikum ay.	A sângir al.
Sidukum asu.	A patah al.
Kadunkut aku.	O tâbi ol., o dâfu ol.
	Nitâl fan.
Efot èyidum.	A kòt al.
Ebihum ay.	Uf n.
kabib.	ûf.
Eyinnum.	Dudand l., a tungu al.
Vañ av.	Bangañ k.
Ehibl.	O hêd ol.
Bassis bat èkondor.	Tik n.
Ekuhé.	À muhul al.
Kugang aku.	O dang ol.

Une chaîne d'or.	Ab lalala urus.
La tabatière.	Polé b., gas b.
La cravache.	Posta b.
cravacher.	posta.
Les parfums.	Sunka y.
Le savon.	Sâbu b.
Un peigne.	Ab ḍartu.
peigner.	ḍarat.
se peigner.	ḍartu.
Le cure-dent.	Solu b.
se curer les dents.	solu.
Le couteau.	Pâka.
La marmite.	Tin l.
Le pilon.	Kûr g.
Le mortier.	Gena g.

Repas.

Lèka g.

Le déjeuner.	Digu b., ndéki b.
déjeuner.	ndéki, digu, ndëvu.
Le dîner.	Añ b.
dîner.	añ.　　　　(mos b.
Le goûter.	Lañta b., ndogonal l.,
goûter.	lañta, ndogonal, mos.
Le souper.	Rêr b.
souper.	rêr.
Le banquet.	Mbotay g.
Le mets.	Ñam v., yéka b.
Le pain.	Mburu m.
Le pain chaud.	Mburu mu tanga.
Le pain frais.	Mburu mu ês.

Diola	Sérèr
Ñisél ñata urus.	Tàlàli' vurus.
Hugiḷ ahu.	O fulé oḷ., o ġoḷ oḷ.
Huhḷ ahu.	O yar oḷ.
katék huhḷ.	yar, lav.
Vah va ṭigoé av.	sururàn l.
Esabu av.	Sàfu l.
Kahlasulum aku.	O sañtôr oḷ.
kahlasul.	sañiṭ.
kahlasul.	sañtôh.
Huyuyum uġing.	O sôṭôr oḷ.
kayuy uġing.	sôṭôh.
Evuñum av.	Dapil fan.
Karèreng aku.	O hudôh oḷ.
Huñeyum.	A un al.
Busikèn.	O fab oḷ.

Huṭèñ ahu.

———

Sinang buḍôm.
  katèn sinang buḍôm.
Kalav aku.
  katèñ kalav.

Kalimel aku.
  katèñ kalimèl.
Kamangèn aku.
Sinang.
Efor av.
— yèsufé.
— yaunkul.

A ñâm alé.

———

A ñaktôh al.
  ñaktôh.
A put al
  Putôh.
A vâryongom al.
  Yâryongomôh.
A ṭuah al.
  Duôh.
Maï n.
Ñâmél k., a ñâm al.
O gaf oḷ.
— o sumu.
— o has.

La mie.	Pendeh b.
miette.	fadahit b.
La farine.	Sunguf s
Le son.	Toh b.
Le levain.	Mporohal m.
La pâte.	Ponha m.
Le bouillon.	Ñêh m.
De la viande.	Y'âpa.
— coupée en tranches	sêl b.
Une tranche (minces.	Ab lélit.
La viande maigre.	Yapa vu yòy.
— grasse.	Yapa vu dûf.
Du bouilli.	Mbahal.
La fricassée.	Pirki b.
Le rôti.	Vaḍa v.
rôtir.	vaḍa.
Du bœuf.	Yap' i nag.
Une langue de bœuf.	Lamêñ i nag.
Du veau.	Yap'i selu.
Du mouton.	Yap'i har.
Un gigot de mouton.	Lup'i har.
Un épaule de —	Mbag'i har.
Une langue de —	Lamêñ i har.
De l'agneau.	Yap'i mburtu.
Un quartier d' —	Dogit i mburtu.
Du chevreau.	Yap'i bèy.
Du porc.	Yap'i mbâm.
un jambon.	lup'i mbâm.
du lard.	nèbòn i mbâm.
du saindoux.	div i mbam.
Du gibier.	Reba.
De la volaille.	Yap'i pit' i ker.
Une volaille.	piṭa i ker.

Diola	Sérer
Har hata éfor ahu.	Mbuglab n.
bahang.	o gélil ol.
Efor.	Mbidèl k.
Burunguy abu.	Sohoñ k.
Efor yakununké ay.	Mbodabin n.
Humûm éfor ay.	O môl ol.
Baḍik.	Fo ñéb ol.
Elû ay.	A légéd ak.
kufét.	o vél ol.
Hufét.	O vélil.
Elû yagané.	A légéd a poru.
Elû yalôfé.	A légéd a néru.
	Baḍin n.
	A pirki ak.
	Mbûdâk n.
Kayil aku.	pûdâk.
kayil.	A légéd'nâk.
Elû ébé.	Délém' nâk.
Hulélunf ébé.	A légéd o hél.
Elû alobèn.	A légèd' mbâl.
Elû édamèn élulum ay.	A tàrak' mbâl.
Hubong èdamèn élulum	A kôl' mbâl.
Kaband hata — — (ay.	A délém' mbâl.
Hulélun hata — — —	A légéd' mbâl ndéb
Adamèn atit.	O dèg' mbâl.
Hufitik adamèn atit.	A légéd' fambé.
Elû édamèn yatit.	A légéd' rûl.
Elû éfurga (éfurgun.)	a tàrak rûl.
hubong hata éfurga.	nébamb' rûl.
élû étumpay.	fo nev' rûl.
muñu mugia.	Ngadlah n.
Elû yata hublib.	A légéd' ndid' mbind.
Elû émanduk.	ndid n.
Emanduk, hufata.	

l'aile.
la cuisse.
le foie.
le gésier.
Du poisson.
Les œufs.
  des œufs durs.
  des œufs frais.
  des œufs pochés.
  des œufs brouillés.
  jaune d'œuf.
Le sel.
Un clou de girofle.
Le beurre.
Le beurre frais.
Le beurre salé.

lâf b.
lupa b.
rês v.
roka b.
Dèn.
Ẋèn y.
  nèn yu ñu bahal
  nèn yu ès.
  nèn yu ñu fuha.
  nèa yu ñu kod.
  mped'i nèn m.
Horom s., sohmat s.
Horompolé d.
Div g.
Div gu ès.
Div i horom.,

La boisson.

Nân ga.

De la bière du pays.
De l'eau-de-vie.
Du lait.
  du lait doux.
  du lait caillé.
  du lait écrémé.
Du vin.
  du vin blanc.
  du vin rouge.
Du vin de palme.
Du vin de rondier.
Du vin de palmier-nain.

Puh m.
Sangara s.
Sôv m.
  mév m., mésil m.
  sôv mu vay.
  mbàmil m.
Biñ b.
  biñ bu véh.
  biñ bu honha.
Senga m.
Rof m.
Tog̃kom m.

Diola	Sérèr
kabéy ay.	a namb al.
hubong ahu.	a ñâl al.
huñ ahu.	hèñ l.
kahès aku.	gagar.
Evol.	Lip u.
Kèh aku.	Gin l., a kin ak.
kèh kañuli.	a kin a pad.
kèh kauukul.	a kin a kas.
kèh kafûtèné.	a kin a kéfu.
	a kin a kòdu.
madunké mata bèh.	mbungulâñ gin l.
Musis amu.	Fo dèm ol.
	Horompolé fañ.
Badik bata èbé.	Fo nèv ol
Badik baunkul.	Fo nèv o has.
Badik babiré.	Fo nèv o dému.

Ehob' ay.	A yer alé.
	Pûh k.
Sangara.	Sangara fañ.
Mihl.	Fo sòv ol.
mihl maunkul.	fo sis ol.
mihl madokoré.	fo sòv hagu ol.
mihl maginoré di badik	
Biñ ay.	Biñ fañ.
biñ vahité.	biñ fa adan.
biñ badunké.	biñ fa yahgu
Bunuk abu.	Fo sing ol.
	Fo rof ol.
Bunuk èdak.	Fo sing ol.

Remèdes et opérations médicales.

Garap ak mpaḍ.

Français	Volof
Une amputation.	Dogay b.
amputer.	dog.
Un bain.	Sangu b., sanga b.
prendre un bain.	sangu.
Une friction.	Dampa b.
frictionner.	dampa.
Incision.	Gaḍa b.
inciser.	gaḍa.
Un médicament.	Garap g.
Une purgation.	Nandalu g.
purger.	nandal.
la purge.	nandal b.
La saignée.	Gaḍa b., gaḍalu b.
saigner.	gaḍa.
se faire saigner.	gaḍalu.
La vaccine.	Ndenda g., ñêka b.
vacciner.	ndenda, ñêka.
Ventouse.	Bêdin b., nampatal.
ventouser.	nampatal.
se faire ventouser.	nampatalu.

Société politique.

Rëv ma.

Français	Volof
Le roi.	Bûr b.
L'héritier présomptif.	Bumi b.
Le chef des escl du roi.	Daraf b.
Le majordome.	Farba b.
Un chef des volontaires	Saltigé b.
Collecteur de coutumes	Sâbsâh b.

Bubun kabunèn.	Têh fo fadnôr.
Kafilik.	A dèg al.
kafilik	dèg.
Kañavo.	A bogah al.. o bog ol.
kañavo.	bogôh.
Kasis.	Ngigin n.. a sol al.
kasis.	gigin. sol.
Kaloh.	Ngad n.
kaloh.	gad.
Bubun.	Têh n.
Kahob bubun balèbé har	A yèrnah al.
— d° —	yèrnôh.
bubun balèbé har.	a yèrin.
Kafurèn hasim.	Ngad n.. a kadnah al.
— d°	gad.
— d°	gadôh.
Kalib banalla.	Ndik n.
kalib banalla.	dik.
Usin vañakér hasim.	O dan ol.. numin n.
— d°	numin.
— d° —	numnôh.

Kaginor kata ésuk'ay.	**Sâh lé.**
Euy av.	O mâd oh.
Atovva ata euy. euy	Bumi fan.
Aban ata kumikèl kata	Darâf fan.
	Farba fan.
Aban ata soldar ay.	Saltigi fan.
Agara batam euy.	Sâsâh fan.

Français	Volof
L'esclave.	Dem b.
esclave né.	dâm-dudu.
esclave de la couronne	dâm i bûr.
esclave d'un prince.	dâm i gèlavar.
Homme libre.	Dâmbur b.
Fils de roi ou de prince.	Dêm i bûr.
Prince né d'une gêlavar	Gêlavar b.
Princesse.	Gêlavar b., d gèn.
Princesse, mère de roi.	Lingèr b.
Femmes de sa suite.	Ndûkân y.
Prince (Cavor et Baol.)	Garmi b.
Dignitaire du royaume.	Kangam b., sanga b.
Ecuyer.	Santa b.
	Bisig i bûr.
Griot. (en général)	Gévèl b.
— forgeron.	Ñèño b.
— musicien, chanteur	Mâbo b.
— cordonnier.	Udé b.
— bouffon obscène.	Bidé b.
— —	Bisèt b.
— —	Tolé b.
Dignitaire du royaume.	Filôr b.
	Darno b.
Trésorier du roi	Davdin b.

Principales fêtes de l'année. — Hèvté yi gen a humba ti at mi.

Français	Volof
Le jour de l'an	Tâvlu'at m.
souhaiter la bonne an-	. yènè ndévén
les étrennes (née	ndévénal

Diola	Sérèr
Amikèl av.	O pad oh.
amikèl abuk.	o pad o tim.
amikèl ata euy.	o pad no mâd.
amikèl ata añol euy.	o pad no kèlvár.
Abuk	Dâmbûr fau.
Añol ata euy.	Ö bi no mâd.
Añol ata euy.	O kèlvâr oh.
Añol euy yaré.	O kèlvâr o tèv
Dav euy.	Lingèr fau.
Butoñ bata dav euy.	Ndûkân. k.
	Garmi fau.
Kuhan kata ésukay.	O kangam oh.
Atokora ata éfinliud ay	Sâñit fau.
	Bisik no mâd.
	O kavul oh.
	O géño oh.
	O mâbo oh.
	O kora oh.
	Bidé fau.
	Bisat fau.
	Tolé fau.
Kuhan kata ésuk.	Fitòr fau.
	Darnu fau.
	Davdiñ fau.

Diola	Sérèr
Sifét asu sahangum maruk di kadâñ aku.	**Fèt ké modna ngumb no híd ol.**

Diola	Sérèr
Hunak hutiar d' kadâñ.	A top o híd ol.
kahlav emit kadañ kasu.	hèniéit mbâu.
kadi di hunak hutiar di kadâñ.	fânin.

étrenner	ndévénal
Le jour des Rois	Bés i Bûr y.
La chandeleur	Bés i nîtu y.
Le mercredi de cendres	Bés i döm i tâl y.
Le carême	Kôr g.
Le dim. des rameaux	Dibër i sôrsôr y.
Le vendredi saint	Alduma du sèla d.
Pâques, Résurrection	Pâk, Ndëkl g.
Dimanche in Albis	Dibër i ndôr y.
Les rogations	Bés i ñân y.
L'Ascension	Yékatiku g . (sèla m.
La Pentecôte	Pantakôt, vaļ u Nhèl mù
La Fête-Dieu	Hèvté'Yaram u Y.-K.
L'Assomption	Yékati'Mariâma m. s.
La Toussaint	Hèvté ñu'Sèla ña ñèpa
L'Avent	Hâru g.
Noël	Noèl, Ndudu'Y.-K.
Les quatre-temps	Ñanènt i hâḍ y.
La vigile, veille	Ngomar g.

La Religion.

You ' Yalla.

Dieu	Yalla
Jésus-Christ	Yésu-Krista
Le S. Esprit	Nhèl mu Sèla m.
Le Créateur	Bindakat b.
Le Sauveur	Musalkat b.
Le Rédempteur	Dotkat b.
La Trinité	Trinité b., Ñètay b.
une personne	pèrson, nèkin b.
Un Ange	Malâka m.
angélique	nirô'k malâka

Diola	Sérer
	fânand.
Hunak kata kuy akn.	Kom nu Mâd vâ.
Hunak kata s.dangèn asu	A kolnah al.
Mercredi yêta butuné ab	Kom ndav kâ.
Kaor aku.	Kôr n.
Dimans vêta kudak aku.	Dibôr na sorsor f.
Vendredi vanab ay.	Dumaling fa tèdu fan.
Pâk. kah no kata Y-K.	Pâk fan., a kontah al.
Dimans vêta vañ vahité	Dibôr'tor fan.
Hunak kata kahlav aku	Pés kèd ka.
Kahlarulo kata Y.-K.	A yodah al. (Yif T.
Pantakot.	Pantakot, a pudah no
Fét vêta Lekaristi av.	O hevand Tèr Y.-K.
Kahlarulo kata Maria..	A yod Mariâma
Fet av vêta bukan a..	O hévand nu tèdu vâ fop
Kakob kabuki kata ...	A tung al.
Kabuki kata Yesu-X.	Noèl, a timah Y.-K.
Ud.n u akir vata ka.a..	A las a nahak ak.
Hunak haymu hakil .et.	Bés fa advu fan.

Butin abu.

A dat Rôg.

Diola	Sérer
Emit	Rôg.
Yésu-Krista	Yésu-Krista.
Buynum banab abu	Yîf-Tèdu l.
Avuhèn av	O pibind oh.
Afakèn av	O mûmutil oh.
Afakèn av	O tâdâv oh.
Trinité yanab av	Trinité, Daduk no lèng.
person	pèrson, a téfand.
Malaka	Malaka f.
kunokor di malaka	nand fo malaka.

Un saint	Vâ du sèla
un bienheureux	vâ du tèhé ḍ.
sanctifier	sèlal
béatifier	tèhètal
Le diable	Sèytané
le démon	diné ḍ.
un damné	ku alku.
Le paradis	Firdausa s., alḍana ḍ.
Le purgatoire	Laráf
Les limbes	Ntav.
L'enfer	Safara s., nâri
infernal	nârulay

Lieux et objets du culte.

Bérèb ak yef i ḍulit.

Une cellule	Nëg u vëtay
La chapelle	Dangu b.
L'église	Dangu b.
La mosquée	Daka ḍ., ḍulikay b.
L'autel	Lotèl b.
la maître-autel	lotèl bu réy b.
le banc	tôgu b.
L'ancien testament	Volèri gu deka g.
Le nouveau testament	Volèri gu muḍé g.
La chaire	Vârékay b.
Les cloches	Dololi y.
Le confessionnal	Konfèsékay b.
La croix	Krua b.
L'eau bénite	Ndoh mu sèla m.
L'Évangile	Lindil b.
Les fonts baptismaux	Tèn i batisé b.

Anabas
   anabav
   kanabés

Allator av
   allator av
   an a a di sambun.
Fusaaum
Sambun safuréné kaho-
Tahme
Sambun asu
   vah ata sambun asc

O kiu o téau.
   o léblu oh.
   fédand.
   féhtand.
Savtâni f.
   diné f.
   o halakvu.
or Frdausa f., ardana f.
— arâi f.
Tâv.
— fidél of.
   kâ fogna na fidel:

Tin di vah vata
anaba a' Lmit.

Emit vata kanab d'Emit
   pangu vatit
   Pargu ay. Kadodéna
   Ledulium ahu
   Léél ay
      lôtél yemeok
      evrom ay   (abu.
Buir bat' Emit butiar
Rolen bai Lmit buakul.
Tin ta bulebému burim
Hadélé eng ahu. at Emit
   kho eséum ay
   Krua ay
   Mahredamu manaba mu.
   Es ef ay.
   Ebausoum ay.

Mbiñ fo tig
dulit.

A ndok a bôtand.
Dangu f.
O hétand ol., Dangu f.
Daka fan., dulaud ol.
Lotèl fan.
   lotèl fa mâk fan.
   a tungul al.
A sil a étând al.
   — a palaku al.
O varéand ol.
O vuvang ol., o dôlôll ol.
O konéscand ol.
Krua fan.
Fôf la barkééna
Lindil n.
A ngas'batisé fan.

L'hostie	Losti b.
La prière	Ñân g.
Un livre	Tërê.
La nef	Dig'u Dangu b.
Les sacrements	Sakarmang y.
Le baptême	Batisé b.
baptiser	batisé.
La bénédiction	Barké b.
bénir	barkèl.
La confirmation	Konfirmé b. ɩ
confirmer	konfirmé.
L'Eucharistie	Lekaristi b.
la communion	komuñé b.
communier	komuñé.
La pénitence	Tùb g.
la confession	konfèsé b.
se confesser	konfèsé
L'extrême-onction	Div-ḍarak ḍ.
L'ordre	Lordar b.
Le mariage	Sèy b.
se marier	sèy
marier	sèylo
La messe	Mès b.
entendre la messe	ḍanga mès
grand'messe	mès bù rèy
basse messe	mès bu tût
Le sermon, le prêche.	Vâré b.
prêcher	vâré
prédicateur	vârékat.
être touché du sermon	vâru
Sacrifice	Nḍébalé g.
offrir un —	ḍébalé
saint, sacré	lu sèla, lu ñu barkèl

Diola	Sérèr
Osti ay.	Losti an.
Kahlak aku.	A kèd al.
Kaèt.	Safé l.
Tut yata dangu.	Ndèr' Dangu fan.
Sisakarmang asu.	Sakarmang k.
Batisé ay.	Batisé fan.
kabatisé.	batisé.
Kanabèn aku.	Barké fan.
kanabèn.	barké.
Konfirmé aku.	Konfirmé fan.
kakonfirmé	konfirmé.
Lekaristi ay.	Lekaristi fan.
kakomuñé aku.	komuñé fan.
kakomuñé.	komuñé.
Kalañor aku.	Tûb fan.
kakonfésé aku.	konfésé f.
kalob butila.	konfésé.
Badik d'an asumuté.	A dûm nu bad va.
Lordar ay.	Lordar é.
Bunimo abu.	A telah al.
bunimo.	dolôh.
bunimo.	dolin.
Mès ay.	Mès f.
kadantèu mès ay.	dang mès.
mès yemeuk ay.	mès fa mâk.
mès yatit. (Emit.	mès fa ndeb.
Kavaré, kalob hurim at'	Vâré f.
— dᵒ —	vâré.
aloba hurim at'Emit.	o bavaré oh.
kavaré kunokèn di huñ	vârôh.
Sakirifis.	Mbohot n.
kakan sakarifis.	bohot.
Vanabé.	tédu, parkéu.

Agriculture.	Mbéay.
L'agriculteur	Béykat b.
Le berger	Sama b.
Le bucheron	Tanakat b.
Le colon	Samakat b.
Une laitière	Sipukat b.
Le moissonneur	Gobkat b.
Le laboureur	Jgaykat i tól b.
Le pâtre	Sama b.
Le porcher.	Sam'i mbâm.
Le vacher.	Sam'i nag.

Instruments d'agriculture.	Defendukay ti tol.
Un arrosoir.	Sûbukay b.
(Instruments de culture)	Hèr b.
—	Daba b.
—	Dahay b.
—	Sôhsôh b.
—	Ngobân b.
— (pour le riz.)	Gobi b.
Une botte de foin.	Say i ngoñ.
La culture.	Mbèy m.
cultiver.	bèy.
Le défrichement.	Gor m.
défricher.	gor.
L'engrais.	Tos m.
engraisser, fumer.	tos.
Une faux.	Bobukay b.

Va.. v... eva..	A kon ai.
A vaña av.	Kôhôh oh.
A hava av.	O kaynák oh.
A tompén av.	O tàlahaa oh.
A kana es...	O sisiud oh.
A naré anoané milh.	O ladikôh io sôv oh.
Ahlinkéta.	O sàsahad oh.
A vaña av.	O ladal o kol.
A hava av.	O melàn oh.
A hava s...rga.	O kayaàk a lûl oh.
A hava sne.	O kagay nák.

Muvañuma.	Talir a koh.
Evuvénum.	O sérir ol.
Kadandu aku.	Hélár no l.
	lab. l.
	Héaar nol l.
	Sohsoh l.
	. ludir ol.. o Lôl ol.
	Colo l.
Ekok vata mul... égerté.	Ndea o. géñ.
Evañ ay.	A kôn al.
kavañ, évañ.	hôh.
Kahlib.	A kod al.
kahlib.	god.
Bubit abu (butuné abu.)	A tos al.
kahit.	008.
Eheum.	A ñand al.

faner.	bob.
Le fumier de cheval.	Né ré d.
— de vache.	Ndé l.
Une gerbe.	Say v., daba b.
Les javelles.	Satar b.
Une meule de foin.	Ngar i mbob.
— d'arachides.	Ngar i gèrté.
La moisson.	Ng blé g.
moissonner.	gob.
La plantation.	Ndj m.
planter.	di.
La récolte.	Vita b.
récolter.	vita.
Défricher.	Gor.
Essarter.	Rûd.
	Das.
Sarcler, ésherber.	Bèy, bahav.
Resarcler.	Bèval.
Chasser les oiseaux.	B b.
Récolter, moissonner.	Gob.
Serrer le mil.	Sada.

Commerce.

Ndây.

L'acceptation.	Nangu b.
accepter.	nangu.
L'achat.	Denda b., dendé b.
acheter.	denda.
Un affréteur.	Ebkat i gâl.
affréter.	èb.
Les avaries.	Yahu b., yahuté.

kahlabèn mukav.
Vat vata éfinlind.
Vat vata ébé yaré.
Karul.

Hulhung hata mukav.
Hulhung hata égérté.
Ehlinkèt ay.
  chlinkèt.
Bnhlukum abu.
  kahluk.
Ehlinkèt ay.
  ehlinkèt.
Buhlib.
Bahosul.

Evañ.
Kavañ, lankèn.
Efov.
Ehlinkèt.

böb.
Ndimbâd n.
Rêf l.
Ndok n., gusah l.
Humb l.
Ngad bôb.
  — gèrté.
A sahad al.
  sahad.
A tûf al.
  dûf.
A tobit al.
  tobit.
God.
gur, sèd.
Das
Hôh, bahav.
Buyât.
Rar.
Sahad.
Gêr

Kalobèn.

Kafañ aku.
  kafañ.
Kanom aku.
  kanom.
Aduſa busana.
  kaduf busana.
Kakadèn aku.

Ndula na.

A tab al.
  dab.
Ndik n., ndikir n.
  dik, dikir.
O torok a kâl oh.
  rok.
A vakah al.

Français	Volof
La balance.	Ab nata.
peser.	nata.
Le chargement.	Ẻb gal.
Le change.	Véte g.
changer.	véti.
Des colis.	I ndab.
Le commerçant.	Dâvkat b., dula b.
commercer.	dâv., delatu.
Le déchargement.	Ẻbi g.
décharger.	èbi.
Une dette.	Ab bor.
devoir.	lèb.
Emmagasiner.	Déf ti pukus.
magasin.	pukus.
Un envoi.	Ab yobanté.
envoyer.	yobanté.
La fabrication.	Ligéy b., dèfar g.
le fabricant.	dèfarkat b.
fabriquer.	dèfar.
Le gage.	Taylé b.
mettre en gage.	taylé.
Le gain.	Ndo.ént l., vès g.
Un marchand.	Ab dàykat.
marchandise.	ndây m.
Le payement.	Pèy g.
payer.	fèy.
Du papier.	Kait.
papier monnaie.	kopar i kait.
Le prêt.	Lèblé b.
un prêteur.	lèblékat b.
prêter sur gage.	lèblé ti taylé.
Le profit.	Ndérit m.
La promesse.	Ndig m., ndigal m.
promettre.	dig. diglé.

Balans av.
  kalik di balans.
Kaduf busana.
Butit abu.
  katit.
Vañ.
Anoma av.
  hanom.
Ka nrèn tata kaduf.
  kafurèn kaduf.
Bokor.
  katag.
Kakan (kanèn) di butoñg
  butoñg.
Kusénum.
  kasénum.
Kakan aku.
  akana av.
  kakan.

Kabangèn aku.
Anoma.
  vañ vata anomn.
Batam abu.
  katam.
Kaët.
  kaët kata halis.
Butag abu.
  atagéna.
  katâgèn.
Kabangèn.
Kahong aku.
  kakong.

O libir ol.
  lib.
A tok a kâl al.
Sofir n.
  sof.
Bangañ k.
O tidikôh oh., o tula oh.
  dikôh, dikand.
A mbalit al., a tôtin al.
  valit.
Ndav n.
  rav.
Yip na pukus.
  pukus f.
Bisnit n.
  bisnit.
Talèl k., a kémband al.
  o kéhémband oh.
  hémband.
Gâsnit n.
  gâsnit.
Mbap n.
O tidikah oh.
  a tèg al.
Ndafid n.
  rafid.
Kait f.
  o kopar kait.
Ndavandit n.
  o taravand oh.
  ravandit, gasnit.
O diriñ ong.
Ndèg n., ndégit.
  règ. règit.

Le rachat.	Ndot g
racheter.	dot.
La reconnaissance.	Hamé g., haméukay b.
reconnaître une dette.	hamé bor.
Le remboursement.	Délo b., fèy b.
rembourser.	dèlo, fèy.
La société.	Mbôlé m.
s'associer.	bolé alal.
La solde,	Pèy b.
Le tarif.	Ndég l., apa m.
La traite.	Ndây m.
— des noirs.	Ndây i nit ñu ñul.
La vente.	Ndây m.

Artisans.

Ligèykat.

Le barbier.	Vatkat b.
Le batelier.	Môl b.
La blanchisseuse.	Fôtkat bu digèn.
Le bonnetier.	Ñavkat i mbahané b.
Le boucher.	Tiflékat b.
Le boulanger.	Dèfarkat î mburu b.
Le cardeur.	Ferkat b.
carder.	fer.
carde.	feru b.
Le chaudronnier.	Dèfarkat i tin., tega.
Le chiffonnier.	Forkat i sagar.
Un colporteur.	Ab dula.
colporter.	dulatu.
Le cordier.	Rabakat i bûm.
Le cordonnier.	Udé b., dèfarkat i dala b.

Diola	Sérér
Kafakèn aku.	A táv al.
kafakèn.	dàv.
Kabahlo madaké.	Andid n., o andilor ol.
kahas kajag.	andid ndav n.
Batam abu.	Ndakin, ndafid n.
katam.	dakin, rafid.
Kaginor aku.	Mbokatir u.
kaginor.	fokat halal.
Batam abu.	Ndafid n.
Batam bata vañ.	Ndigand n., hap fan.
Hunom.	A tikah al.
Hunom hata bukan kalyn	— nu vin bál.
Hulobèn abu.	A tikah al.

Kuroka.	**Ɗádæ).**

Diola	Sérér
Avuña hulémf.	O tùrùs oh.
Abuta av.	O fógàn oh.
Añava av.	O tàdap o tév oh.
Akan silahé.	O ñôño a mahana oh.
Amuka sibé.	O fìfiflé oh.
Asova éfor.	O tùdud a kaf oh.
Atararéna av.	O sàsaf oh.
kalararèn.	saf.
Etararénum.	a safir al.
Akana urérèng.	O kèhémband a kudóh.
Amuñkéna kutukulor.	O kîgis' lîr.
Anoma av.	O tula oh.
kanom.	dulvóh.
Akana unév.	O mómod fu bák.
Akana sidala.	O kóra oh.

Le corroyeur.	Ulikat b.
corroyer.	uli, vuli.
Le coutelier.	Teg' i paka b.
Un crieur.	Ab gévèl.
Un forgeron.	Ab tega.
forger.	tega.
Le maçon.	Tababkat b., mâhkat b.
maçonner.	tabah, mâh.
Le menuisier.	Malav b.
L'orfèvre.	Sayâhalkat b.
L'ouvrier.	Ligèvkat b.
une ouvrière.	— bu digèn.
Le pêcheur.	Napakat b.
Le plombier.	Ligèvkat i bètèh.
Un poissonnier.	Ab daykat i dèn.
Un portefaix.	Ab ènukat.
Un savetier.	Défarkat i dala.
Un sellier.	Défarkat i ntèg.
Le tailleur.	Ñavkat b.
— de pierre.	ètakat i hêr.
Le tanneur.	Ulikat b., sébékat b.
Un tisserand.	Ab raba.
L'apprenti.	Halèl b.
Le commissionnaire	Youént b.
Le garçon.	Ndav b.
L'atelier.	Ligèvukay b.
La boucherie.	Tilléukay b.
La forge.	Tega b.
L'aiguille.	Pursa b.
le trou de l'aiguille.	ben' i pursa.
L'aviron.	Dôv b.
Le battoir.	Taparka b.
Le clou.	Dad b.
la cognée.	Sémèñ v.

Abukula ubang.	O bûbûr oh. o tûduguñ.
kabukul.	bûr, duguñ.
Akana sivuñum.	O tafah tapil oh.
Ayîgena.	O kavul oh.
Alafa.	O tafah oh.
kalaf.	hav.
Atèf' av.	O mámah oh.
katèf.	mah.
Amenisié.	Málav oh.,o lavbé oh.
Ala a vurus.	O tádal vurus oh.
Arok' av.	O tâdal oh.
aroka aré.	.. o lèv.
Abût'av.	O tâdár oh.,o togán oh.
Aroka kufudèn.	O tadal ndèmbêh oh.
Anoma sivol.	O tidikah lip.
Atéba.	O tôrohondad oh.
Akana sidala.	O kâhar oh.
Akana têg.	O kóra oh.
Akik av.	O ñôño oh.
afassa sivelum.	o sêsèh a bil.
Abukula ubang.	O bûbûr ndol oh.
Arira.	O tîriv oh.
Alikéna.	O gór ol.
Aboña av.	O tulèr oh.
Along av.	O saugèd ol.
Hurokum ahu.	Ndaland na.
Humukum sibé.	Tifléand n.
Kalaf aku.	Tafah n.
Ekikum ay.	O fit ol.
kassoun kata ékikum.	o ñis o fit.
Ebondok ay.	O laf ol.
Hutekum ahu.	A kavir al.
Edad ay.	O ring ol.
Humagèu ahu.	Bâh l.

L'enclume.	Dèka b.
La hache.	Sémèñ v.
L'hameçon.	Os g.
La ligne.	Hir g.
La lime.	Hata g.
limer.	hata.
Le marteau.	Lêré b.
Le mortier.	Gena g.
La navette.	Nkuk g.
La pelle.	Galang b.
Le perçoir.	Benu b.
Le pilon.	Kur g.
La quenouille.	Kètu g.
La rame.	Dôv b.
Le tamis.	Tègtèg b.
Des tenailles.	I ñêm.
Le van.	Layu b.
La vis.	Perempûs b.

La guerre.

Haré ba.

L'armée.	Haré b.
La cavalerie.	Ngavar g.
un cavalier.	gavar.
L'infanterie.	Iîr g.
un fantassin.	Iir.
La musique.	Duñdung v.
se battre.	haré, hêb.
L'archer.	Halakat b.
L'arc.	Halà b.
La javeline, flèche.	Féta b.
La lance.	Hêd b.

Elajum ay.
Humagen ahu.
Vos ay.
Kaboz aku.
Ekaktum ay.
  kàkàk.
E[illegible]gum ahu.
B[illegible]n abu.
[illegible]ram ay.
Pel ay.
Ereud ay.
Huat ahu.

Ebaajok ay.
Es[illegible]m ay. (eginum)
Kur[illegible]m sidad.
Kahenkum aku.
Vis ay.

Tân n.
Bâh l.
O dâro ol.
O bàk o dâro ol.
O sèsir ol.
  ses.
O dibamb ol., o dund ol.
O ïab ol.
O ròndon ol.
O sug ol.
A un al.
O yulir ol.
A sisam ol.
O ïai ol.
Tegteg n.
A sangir al.
Ndal n.
O ïarampûs ol.

Kutik ahu.

Kutik ahu.
Kuraboa aku.
  araboa.

  alika di vot.
Niif asu.
  butékor.
A ula'v.
Hugdèn ahu.
Kaaèl aku.
Kabay aku.

Hiré fana.

Hiré f.
Ngavar n.
  gavar f.
Lir n.
  o lir ob.
A tundung ak.
  hiré, ñohorèl.
O kahad a kas.
Kah l.
A kas al., a pît al.
Salma l.

Le sabre.	Dâsi da.
sabrer.	ṭav ḍâsi.
L'épée.	Kar.
Le bouclier.	Mpaka m.
Le fusil.	Fétèl g.
Le carquois.	Tungár b.
La fronde.	Mbaha m., vaha v.
Le pistolet.	Kábus g.
Le poignard.	Gobar b.
poignarder.	deba gobar.

Exercices d'agrément. — **Mpo ma.**

Le banquet.	Mbótay g.
une salle de banquet.	nëg i mbótay.
Le président.	Ndit l.
La chasse.	Reba.
— aux oiseaux.	reb'i piṭa.
chasser.	reba.
Un couteau de chasse.	Pâka'reba.
Une poire à poudre.	Bèḍin i döm
la poudre.	döm d.
Un chasseur	Ab dana.
Le gibier.	Rab v.
chasser l'hyène.	reba buki.
— l'antilope.	— kôba.
suivre à la piste.	topa laŋka va.
prendre au piége.	fir bè ḍapa.
Le concert.	Voy v.
La course.	Ravanté b., ndahé b.
— à cheval.	— fas.
— en bateau.	— gâl.

Diola	Sérér
Dihang adu,	Lab.
katek dihang.	god o lab.
Eluñèn ay.	Kuma f.
Ebangal ay.	Mbangôr.
Efambèn.	Gidi fan.
Huyong. (egor)	A tungâr al.
Efolinkum ay.	O sùsân ol,
Emonong ay.	Kàbus n.
Bukundu abu.	Dapil fan.
kaya bukundu.	dib dapil.

Kuhaño.

Fa ġas fana.

Diola	Sérér
Kanabor aku.	Mal n.
eléf yèta kanabor aku	a ndok'mal.
Euv av.	Dàràf fan.
Hulib ahu.	Ä kadlah al.
hulib bafiía.	a kadlah tid.
hulib.	hadlôh.
Evuñum yèta hulib.	Dapil ngadlah.
Kassin kata é'or.	O dan bolobra l. (k.
efor ay.	polobra fan., mbindél
Aliba.	O dana.
Endakurèn, enukurèn.	Mbàfàl n.
hulib émundungo.	hadlôh o môn.
— èrafèl ay. (dukurèn	— fa ndak fan.
kanab di vol va'a én-	fèl a taf ak.
kadok di éhlikum.	fog bô dam.
Bukidèn abu.	A kim al.
Buhekor abu.	Ndadatir n.
buhékor d'éfilind.	ndadatir pis n.
bahékor di busana.	ndadatir a kâl.

La danse.	Mpêta m.
danser.	fèta.
le danseur.	fètakat b.
L'équitation.	Ngavar b.
Le cavalier.	Gavar b.
L'amazone.	— bu digèn.
L'écuyer.	Gavar b.
aller au pas.	dohal fas.
— au trot.	rambal —.
— au petit galop.	dâbal —.
— au galop.	daval —.
perdre les étriers.	moy degal ya.
tomber de cheval.	dânu.
descendre de —	vata fas.
monter à —	var fas.
Le festin.	Mbôtay g.
La fête.	Hèvté g.
— publique.	Hèvté' deka.
La natation.	Mpèv m.
le nageur.	fèvkat b.
nager.	fèy.
plonger.	nûr.
Un plongeur.	Ab nàrkat.
traverser à la nage.	fèy.
La pêche.	Napa b.
— de baleine.	nap'i mbenkena.
pêcher à la ligne.	nap'ak hir.
— au filet.	mbàl.
Le filet.	Mbàl m.
La ligne.	Hir g.
L'hameçon.	Os g.
L'amorce.	Mèb b.
Le harpon.	Kada b.
Le pêcheur.	Napakat b., mbàlkat b.

Diola	Sérer
Djokoñ adu	O mbet ng.
kayokoñ.	fèt.
ayokoñ av.	o pèfèt oh.
Karabo aku.	Ngavar n.
Araboa.	Gavar fan.
Araboa aré.	Gavar fa ndèv fan.
Atokora éfilind.	Gavar fan.
kadov datil.	ñadin pis.
kadov ka?isi?a.	dakin —.
kadov kas b.	dàbin —.
kallebor kaileben.	dufin —.
	dap a takir ak.
kalò d'é?il?.	vénit tòk pis
kavalo d'é?il?.	fudòh.
kagito d'etil?d.	gay pis.
Katav kemenk.	Mal n.
Fèt ay kamangèn.	Kévil n.
Fèt yèta ès?k.	Kévil'sàté.
Kavad aku.	A bèd al.
avaûda.	o bèvèd oh.
kavàd.	vèd.
kakuhèn.	mûd.
akuhéna.	o mûmûd.
kagângèn di kavad.	vèd.
Dabut adu.	A tàr al.
dabut éfot.	a tar fa ñig duàm
dabut.	dàrit o bâk.
dabut dambal.	fàl.
Embal ay.	Mbâl n.
Kabut.	O bâk ol.
Vos.	O dàro ol.
Mèb.	Mèb n.
Hufut.	A sâk al.
Abûta.	O tàdâr oh., o pàlàl oh.

pêcher.	napa.
amorcer.	méb.
mordre à l'hameçon.	dah.
jeter le filet.	mbâl.
La promenade.	Ndohân g. dohantu b.
un promeneur.	dohantukat b.
La réunion.	Ndaḍé g.
la compagnie.	mbôtay g.
La soirée.	Ngonalé g.
une soirée dansante.	ngonalé mpéṭa.
La lutte.	Beré b.
lutteur.	berékat b.
vainqueur à la lutte.	mber m.
Le cerf-volant.	Nâval b.

Les mammifères.

Borom ầ at yi.

La belette.	Mbar b.
Le chacal.	Ntila b.
La chauve-souris.	Ndugup l.
La roussette.	Tibéñ b.
L'écureuil.	Hoḍoh m.
L'éléphant.	Ñèy v.
La genette.	Yolan v.
L'oryctérope.	Ndahal m.
Le tragélaphe.	Dib v.
Le céphalophe.	Barôm b.
La kévelle.	Kévèl g.
Le nagor.	Mbila b.
Le galago.	Mber b.
La civette.	Dab sikor.
L'hippotrague.	Koba b.

Diola	Sérèr
dabut.	dâr.
kakau mêb.	mêb.
kañak di kabut.	hot.
kabétèn mbal.	fâl
Kañahor aku.	A ñâdlah al.
añahora.	o ñâñâdalah oh.
Kaginor.	Ngêt n.
kanabor.	mal n,
Elin. av.	Kiriu n
elim ay yêta diokoñ	kiriu o mbêl
Butad abu.	Ndoub u.
atada.	o mâmâfrêl oh.
ébeng.	mbir n.
Eytènum ay.	Navat fan.

Atav-kill aku.

Yâl and.

Diola	Sérèr
	Mbar n.
	O fahan oh.
Eloda ay.	O fid ol.
	A dém al.
	Ngas na.
Eñab ay.	Fa ñig fan.
	O damin ol.
	A kang al.
Hukêl abu.	Ndaf n.
	O gâv ol.
	Kévêl n.
Hubonk.	Mbil n.
	Mbar n.
	A tat al.
	Fa ndak fan.

Français	Volof
La girafe.	Ndamala m.
Le hérisson.	Suñel.
L'hippopotame.	Lébér d.
L'hyène.	Buki b.
Le guépard.	Saïando s.
Le lièvre.	Leg l., ndombor l.
Le lion.	Gayndé g., Dàba.
La mangouste.	Sikor b.
La panthère.	Téněv b., séga m.
Le porc-épic.	Ràv b.
Le zorille.	Ndhéň v.
Le rat.	Dinah d.
Le phacochère.	Mbâm ala m.
Le singe rouge, — noir.	Golo g. — koña b.
une guenon.	golo gu digèn.
La souris.	Dinah d.
L'âne.	Mbâm-sef m.
L'ânon.	Tumbur b.
Le bélier.	Ñhâf m.
la brebis.	har mu digèn.
l'agneau.	mburtu m.
le mouton.	har m.
Le bouc.	Sikèt b.
une chèvre.	béy v.
un chevreau.	mbolé s., tèf b.
Le dromadaire	Gélém g,
Le serval,	Saèl b.
Le lamantin.	Lérav b.
Le marsouin.	Galér g.
Le dauphin.	Pipa b.
La baleine.	Mbenkéna m., ngâga.
Le chat.	Mûs m., vurdu v.
Un chien.	Haj b.

Diola	Sérèr
	Ndamala n.
	God l.
Ekav ay.	A langbâr al.
Emundungo ay.	O môn ol.
	O sẫndo ol.
Amulon ay.	Ndol n.
Engeng ay.	Ndogoy n.
	O rin ol.
Esamay ay.	O dahal ol.
Husoñol ahu.	A sagol al.
	A tél al.
Etuku ay.	Dôh n.
Ebék ay.	Rûl a kob al.
Eñaru ay.	A koy yahig.. — a bal.
eñaru varé.	a koy a têv.
Etuku yatit.	Dôh ndèb na
	O fâm ol.
	O fâm o dèb.
	Suk mbâl n.
Edamên yayné.	mbâl ndév n.
edâmên varè	o mbâl o ndèb.
edâmên yatit.	mbâl n.
edâmên élulum ay.	Suk fambé l.
Hudukèl ahu.	fambé l.
edâmên.	o foté ol.
edâmên yatit.	Ngèlèm n.
	A pafal al.
	Lémar n.
	O yuh ol.
	Lip bal n.
	Fa ñik duam fan.
Edangnma ay.	Mûs n.
Edaba.	O boh ol.

une chienne.	— bu digèn.
— de chasse.	— u reba.
Le cheval.	Fas v.
une jument.	vadañ v.
un poulin.	môl s.
un étalon.	fas vu gör.
Le cheval blanc.	Ndimba m.
— pie.	baré b.
— bai.	dakêr d.
— alezan.	ngelémbu l.
— arabe.	nârugör v.
— noir.	ñûl v.
— isabelle.	oldu v.
— gris pommelé.	salâm b., baré b.
— gris.	döm i tâl b., heta b.
— bai brun.	kèmba'b dahár b.
— moucheté.	mbarhanté b.
— qui rue.	fas vu di vöng.
— qui se cabre.	— vu di dañ.
une rosse.	göl b.
Le mulet.	Bèrkélé b.
Le taureau.	Yeka v.
la vache.	nag vu digèn.
le veau.	selu s.
Le porc.	Mbâm m.

Les oiseaux.

Mpita yi.

L'aigrette.	Tortor m.
Le canard.	Haghèl b.
la cane.	haghèl bu digèn.
le caneton.	tôt u haghèl.
Le coq.	Séha b.

Diola	Sérèr
edaba yaré.	o boh o rèv ol.
edaba yaré éliba.	o boh a kadlah.
Efilind av.	Pis n.
éfilind yaré.	vadan fan.
éfilind yatit.	mol n.
éfilind davné.	pis ngôr n.
Efilind vabité	Ndim n
	bari fan.
	dakèr fan.
	gélémbu n.
	nârgôr n.
	ñûl n
éfilind yalayné.	oldu fan.
	bari fan.
	barsinin fan.
	kèmbudahâr n.
(dénab éfahor.	a hamb.
éfilind ay égitomu d'vo	pis nà nà vongà.
— — — d'vo dénah	pis ndàdañ n.
éfilind yagané. (évéto	— — gak al.
	Mbâmputu n.
Hummna ahu.	Ngoh n.
ébé ay.	nâk rev.
allobén ay.	o hêl ol.
Eforga ay.	Rûl l.

Befit' abu.

Tid ka.

Diola	Sérèr
Hufata ahu.	A tanav al.
hufata haré.	A mâl al.
hufata hatit.	a kanâra tèv al.
Kahloka aku.	o dûl ol.
	A sik al,

la poule.	ganâr g.
le poussin.	Tût b.
Le dindon.	Kopin b.
la dinde.	kopin bu digèn.
Le pigeon.	Pilah m.
L'aigle.	Dabay b.
L'alouette.	Ndob m.
Le vautour.	Tan b.
L'autruche.	Bâ b., Bâñdoli b.
bécassine.	ndimbahlôr l.
La buse.	Litin b., dolonker b.
La caille	Tiprip m., prèntân m.
Le chat-huant.	Hargèt m., lôy m.
Le corbeau.	Bâhoñ b.
L'anhinga.	Ntula m.
L'épervier.	Litin.
Le faucon.	Biram-pâté b.
Le goëland.	Dor v.
Le héron.	Hoda g.
Le hibou.	Lôy b.
L'hirondelle.	Mhélâr m.
Le merle, — métallique.	Yerâver b., —gulagul b.
Le milan.	Ndurkel m., dolonker.
Le moineau.	Sago s., savor s.
Le pélican.	Ndagabâr m., sôn m.,
La pintade.	Nât b. (kaboha m.
La perdrix.	Ntokêr l.
Le perroquet.	Ndamdam l.
le perroquet à collier.	tov i gèl, kélé.
Le courlis.	Ndiberlé l.
Le martin pêcheur.	Babukar b.
Le rolle.	Bahar b.
La pie.	Heláhel b.
Le pigeon ramier.	Hetâhet b.

Diola	Sérèr
emanduk ay.	a tèk al.
afü av.	o dût.
Kopin ay.	A kopin al.
kopin varé.	— a tèv al.
Elëh ay.	A nük al., a kodôhoñ al.
Hudoka ahu.	A kavud al.
Hufaladora ahu.	A kadav al.
Egotum ay.	A tud al.
	Bâñdòli n.
kakorint karé	o ndèrang ong.
Esalimban ay.	A tund al.
	A tèk a kôb al.
Hukololong ahu.	A lukukûk al., a loy al.
Eganor.	A tôh al.
Humoda ahu.	A mûmudarân al.
Esalibaban ay.	A tund al,
Huvebla ahu.	O biram-pâté ol.
	A tahad al.
Erambon ay.	A tâng al.
Hukololong ahu.	A loy al.
Eléléndonu ay.	O hèlàr'Rôg ol.
Kavayvay aku	O hoyé l., a kulé l.
Huvalu ahu.	A tund al.
Avava av.	O dolah ol.
Ekchen ay.	A taròh al.
Husiga ahu.	A sâv al.
Hutindèl ahu.	A tébèl al.
Ekékour ay.	A tàtah al.
Ekékour ay.	A kélé l.
	A teylo al.
	A siptor al.
	A lal al.
Afindolokot av.	A kulé l.
Hurétèt ahu.	A ñadndof al.

9

Le pivert.	Ngortâu l.
Le plongeon.	Tula m.
Le toucan.	Kolinkok b.
La tourterelle.	Pégèt m.
Le vanneau.	Vètvèt b.

Poissons, coquillages. **Dèn yi, hor yi.**

Le poisson.	Dèn v.
— de mer.	— u gèt.
— d'eau douce.	— u ndoh mu nêh.
L'anguille.	Sik b., lamara.
La carpe	Vâs vi.
Le crabe.	Sâra b., toholân b.
L'écrevisse.	Sipasipa b.
La langouste.	Sum b.
L'huître.	Yohos g.
Les moules.	Sâtom b.
La raie.	Tumbulân v., rèyantan.
Le requin.	Tah b.
Petit requin.	Tur.
La sardine.	Ÿös b.
Le saumon.	Sâka b.
La sole.	Papâlé b., ndérèr b.
Le turbot.	Takarakab b.
La dorade.	Daroñ v.
La morue.	Tôf b.
Le pilote.	Dak b.
Le brochet.	Seda b.
(poissons divers)	Silinka b.
	Hèsèv b.
	Vèhvèh b.

Diola	Sérer
Arisa, kuyak.	O ndafah ong.
Humoda ahu.	Fâp kumba.
	A lokorkoy al.
Arunduker av.	A nûk al.
	Vètvèt la.

Sivol asu.	**Lip, a kor.**
Evol ay.	Lip n.
Evol yata hata yata hal.	Lip o mâg.
Evol yata mulélicuk.	Lip fôf fo fèlu.
Hunôna ahu.	A nûr al.
Eforok ay.	Mboy n.
Ekub ay.	A sâra l., a takarkûdâm
Katat aku.	A sâkma l.
Katat kata di hal.	Sum n.
Yuhl ay.	O ngugêd ong.
Hutov ahu.	Sâtom n.
Yohor ay.	Ndumlân n., ravi l.
Hulintora ahu.	Dîño l., samoy fan.
Hulintora hatit.	O ndîño' ng.
Bahèléd abu.	Sêtêt n., baval n.
Ehènta ay.	Fanda l.
Kasous aku.	
Kabandalit aku.	
Ekun ay.	
Ebouk ay.	Daroñ fan.
Efurga éboh.	O sambasamba l.
	Ndândûra n.

	Bôr b.
	Kuḍali b.
Thou.	Nḍuna v.
	Sompât b.
	Yâb b.
Torpille électrique	Vañâr b.

Insectes.	**Gesah ya.**

L'abeille.	Yemba v.
L'araignée.	Dargoñ b.
La cigale.	Šalir b.
Le cancrelat.	Kankarang b.
Le moustique.	Yô v.
L'escargot.	Arbis b., rébés b.
La fourmi.	Méléntân v.
Le frelon.	Dahtandëm v. nguri l.
	dula v.
— rouge.	Ntambar l.
nid de ce frelon.	Salir b.
Le grillon.	Nguri l.
La guêpe.	Gumûr b.
Un scarabée.	Vorvorân v.
La scolopendre.	Vëñ v.
Une mouche.	Yûl v.
Le moucheron.	Lepâlepa b.
Le papillon.	Karugên l.
Le perce oreille.	Lepâlep'i gudi.
La phalène.	Têñ b.
Le pou.	Fël v.
La puce.	Mata m.
La punaise.	Soṭèl b.
La sauterelle.	

Diola	Sérèr
	Dasum fan.
Essofon ay.	Bika n.
Kahilon aku.	
Ekérékora ay.	
Ekun ay.	
Bandukurén batit abu.	**A burur aka.**
Yad ay.	Nguràn n.
Egëngélésa ay.	A porholât al.
Essinor ay.	Ndirira n.
Kahònta aku.	Kankrang na.
Enifa ay.	Bòk n., mutumutu n.
Kanguluñan aku.	O fâmnùtùt ol
Elaha ay.	Ñiñah n.
Ekéba ay.	Nguri n.
Ekéba élimeng.	Ngirhindil u.
bugagèn bata élimeng	Fob'ngirhindil l.
Esunor ay.	A sèland al.
Ekéba ay.	Nguri n.
	O vûrûr.
Kahònta aku.	A bisirbasar al.
Evû ay.	Bud n.
Kalév aku.	A bahal al.
Kafentifent aku.	Mbidâfid n.
	A sal al.
Hugilla abu.	Bidâfid n.
Etém ay.	Bâl n.
Edodogora ay.	Mbîndîn n.
Ekona ay.	Ngèdèñ n.
Humuna, kalandang ab.	Sol n.

Le criquet voyageur.	Ndérör g.
Le taon.	Kôs v.
Le ver luisant.	Höyantân b.
Le scorpion.	Dit d.
La termite.	Mah v.

Reptiles et sauriens.

Vatatukat.

Une chenille.	Sah v.
La grenouille, le crapaud	Mbota m.
Une limace.	Rehès b.
Une sangsue.	Vâtar v.
Une couleuvre.	Hûlûl m.
Un serpent.	Dân d.
— venimeux.	— du am dagar.
L'aspic.	Ñangör m.
L'aspic.	Banda g.
Un serpent boa.	Miv m., yêv m.
Le lézard rouge.	Tabandôr v.
La tortue de terre.	Mbonat b.
— de mer.	Ndumàr l.
Un ver.	Sah v.
— intestinal.	Sân b.
Tœnia.	Sönguf bîr.
La filaire.	Sönguf s.
Le crocodile.	Dasik d.
Le caméléon.	Kakatar l.
Le gecko.	Onka b.
Le lézard.	Sindah b.
Le varan.	Mbeta m., bar b.

Diola	Sérèr
Ebangûr ay.	Ndòròg n.
Hurufa ahu.	A bahal al
Evida ay.	O ndunamàn ol.
	A bah al.
	O gagadan ol., mah ka.

Ululon ay.

Bôbôd.

Diola	Sérèr
Huñus ahu.	Ngusah n.
	Fab la.
Elil ay.	O fàmñûtût.
	Ndokat n.
Hulan ahu.	A kûlûl al.
Hulan ahu.	Faugòl fan.
— hata buniv.	Faugòl fa sâfàrau l.
Elun ay.	Samànd fan.
Essunduk ay.	Sah l.
Yèv ay.	O fèl ol.
Bâgun ahu.	Ndumpègpèg n.
	Homb l.
	O ndumâr ong.
	Ngusah n.
Huñus ahu.	O nás ol.
Huluba ahu.	O nas o fûd ol.
	O nas ol.
	Fa noh fan.
	A yagon al.
	A kukudâdam al.
	A takar al.
	Fasah la, a tas al.

Sons de voix des animaux.	Sabín i rab.
L'aboiement du chien. aboyer.	Bav i had m. bav.
Le bêlement du mouton bêler.	Mèm i har g. mèm.
Le beuglement du bœuf. beugler.	Naña b., beub'u nagg. uaña., bemba.
Le bourdonnement de bourdonner (l'abeille.	Handa b., biv u yemba b. handa, biv, rir.
Le braiement de l'âne. braire.	Ngâh i mbâm-sef g. gâh.
Le caquetage de la poule caqueter.	Dend'u ganâr g. denda.
Le chant du coq. chanter (coq.)	Sab u ganâr g. sab.
Le coassement de la gre- coasser. (nouille.	Ntov i mbota m. sôv.
Le cri de l'aigle. crier.	Sabin i dahay g. sab.
Le croassement du cor- croasser. (beau.	Ngah i bâhoñ g. gah.
Le gazouillement. gazouiller.	Velis v., sabin g. velis, sabin.
Le gémissement de la gemir. (tourterelle.	Bini g., yereuntu'pégèt g. bini.
Le gloussement de la glousser. poule.	Dend'u ganâr g. denda.
Le hennissement du che- hennir. (val.	Ngèhal u fas g. gèhal, mèhal.
Le hurlement du loup. hurler.	Ngâh u buki g. gâh.

Mahloker mata sindukurèn asu.	A lôl pâfâl.
Mahloker mata éḍaba. kalok.	A poh o boh ol. voh.
Hururèn éḍamèn élu- hururèn. lum ay.	A lôl mbâl n. lôl.
Mangindénèr èbé. kangindèn.	A bomb'nâk l. bomb, has.
Hururèn bata hâḍ. hururèn.	A lôl, a pûs ngurân n. lôl, hûs.
	Gàr no fâm ol. gàr.
Kakékèn émanduk. kakékèn.	O ndanḍ a ṭék al. danḍ.
Hulok kahluka.	Fa lay a sik al. lay.
Kalok kata éhol. kalok.	Fa lay fâb l. lay.
Kalok kata huḍoka kalok	Fa lay a kavuḍ. lay.
Kalok éganor. kalok.	Fa lay a tôh al. lay.
Kaéndor bafiḷa.	Fa lay fan.. ṭov fan. lay, sòv.
Kalok aranduker.	Hudaf fan., yirimlah ol. yirimtôh.
Kalok émanduk. kalok.	O ndanḍ a ṭ'ék al. danḍ.
Hururèn éfiliḍ. hururèn.	A kéñah pis n. kéñah.
Kalok émudungo. kalok.	Fa lay o mòn ol. lay.

Le jappement du petit japper. (chien.	Mbéf n had bu tût. mbéf, bav.
Le miaulement du chat. miauler.	Gévgévu'mûs m. gév, gévgévi.
Le mugissement du bœuf mugir.	Naû'u nag v. naña.
Le roucoulement du pi- roucouler. (geon.	Gurguri' pitab g. gurguri.
Le rugissement du lion. rugir.	Yemu'gayndé g. yemu.
Le sifflement du serpent. siffler.	Vélis i dân d. velis.

Lieux d'habitation des Animaux.

Dek'i rab yi.

La bauge d'un sanglier.	Mpah i mbàm'ala m.
Une cage.	Nkâf g.
Un clapier de lapin.	Gas i ndombor b.
Une compagnie de per-.	Tòkèr yu anda.
La couvée. (drix.	Mbòf m.
L'écurie.	Vuda v.
L'essaim.	Héb v.
Une étable à bœufs.	Géta g.
— à chèvres.	Ngéda g.
Une fourmilière.	Mpah i mélèntân m.
Une termitière.	Danda b., van g.
Le gîte d'un lièvre. giter.	Beré ba leg di èndu. èndu.
Un guêpier.	Tag'i nguri.
Un nid.	Taga b.
Le poulailler.	Ngunu l.
Un repaire.	Mpah m.

Hururén édaba yalila.
  hururén.
Kalok edanguma.
  kalok.
Kangidén ébé.
  kangindén.
Kalol éléh.

Kaying ègeng.
  kaying.
Kahunduk hulan.
  kahunduk.

O gûs o hurik ol.
  gas, yoh.
A lay mûs n.
  lay.
O bomb'nâk l.
  bomb. has.
A kim a nûk al.
  gim.
A gûr ndogoy n.
  gûr.
O bilfangòl.
  b.l.

Hukin hala sindukurén

Fa ngèn'pâfál.

Kasoun kata ébék.
Eluf batila.
Kassoun amulòn.
Kayong kutindél.
Hubifén ahu.
Eluf éfilind.
Kayong aku.
Eluf sibé.
Eluf sidamén.
Kassoun bataha.
Kassoun husol.
Kassoun amulòn.
  kakin.
Bugagèn hakéba.
Bugagèn.
Eluf simanduk.
Kassoun aku.

A sémb'rûl a kob.
Dak n.
Mbid'ndol n.
A féhèl a yonu,
Èg l.
Kud n.
Fob l.
O sir ol.
O ngèd ong.
A sémb'niñah.
Lôl, ndèsâr n.
O yong'ndol n.
  yong.
Fob ngirhindil n,
Ndul n.
O ngunu, nguna'ng.
A sémb al.

Une ruche.	Sungâr b.
Une tanière.	Lahukay u rab.
Une volée d'oiseaux.	Nâb u mpiṭa b.
— de pigeons.	— u piṭah b.
Une volière.	Déñṭukay u mpiṭa.

Nombres.

Voña.

Zéro.	Séro.
Un.	Bèna.
Deux.	Ñâr.
Trois.	Ñèta.
Quatre.	Ñanènt.
Cinq.	Durôm.
Six.	Durôm-bèna.
Sept.	Durôm-ñâr.
Huit.	Durôm-ñèta.
Neuf.	Durôm-ñanènt.
Dix.	Fuka.
Onze.	Fukà'k bèna.
Qainze.	Fukà'k durôm.
Seize.	Fukà'k durôm-bèna.
Vingt.	Ñâr-fuka, nita.
Vingt et un.	Ñâr-fuka'k bèna.
Vingt six.	Ñâr-fuka'k durom bèna.
Trente.	Ñèta-fuka, fanvèr, faha.
Quarante.	Ñanènt-fuka.
Cinquante.	Durôm-fuka.
Soixante.	Durôm-bèna-fuka. (na.
Soixante et un.	Durôm-bèna-fuka'k bè-
Soixante-six.	Durom-bèna-fuka'k durom
Quatre-vingt-dix.	Durôm-ñanènt-fuka.(bèna

Diola	Sérèr
Evugal ay.	O vâb ol., o sungàr cl.
Huyohum sindukurèn.	O vong'mbàfàl n.
Kayony bafiṭa.	Fàn'tîd k.
Kayony siléb.	— a nûk ak.
Hunénum bafiṭa.	Sagâr'tîd k.

Kaßn.

A lim.

Séro.	Séro.
Yano.	Lèng.
Kuluba.	Dik.
Sihedi.	Tadik.
Sibakir	Nahik.
Hutok.	Bélik.
Hutok di yanor.	Bétu fa lèng.
Hutok di siluba.	Bétu fu dik.
Hutok di sihedi.	Bétu fu tadik.
Hutok di sibakir.	Bétu fu nahik.
Kugèn.	Harbahay.
Kugèn di yanor.	Harbahay fo lèng.
Kugèn di hutok.	Harbahay fo bélik.
Kugèn di hutok di yanor	Harbahay fo bétu fo lèng
Euy.	Karbayn dik.
Euy di yanor.	Karbayn dik fo lèng.
Euy di hutok di yanor.	Karbayn dik fo bétu fa
Euy di kugèn.	Karbayn tadik. (lèng
Kuy kuluba.	Karbayn nahik.
Kuy kuluba di kugèn.	Karbayn bélik.
Kuy kuhedi.	Karbayn bétu fu lèng.
Kuy kuhedi di yanor	Karbayn bétu fo lèng fo lèng.
kuy uhedi di hutok di yanor	Karbayn bétu fo lèng fo bétu fa lèng,
Kuy kubakir di kugèn.	Karbayn bétu fo nahik.

Cent.	Tëmër.
— un.	Tëmër ak bèna.
— deux.	— — ñar.
— trois.	— — ñéta.
— quatre.	— — ñanènt.
— cinq.	— — ḍurom.
— six.	— — ḍurôm bèna.
— dix.	— — fuka.
— onze	— — fuka'k bèna.
— vingt.	— — ñar fuka.
Cent-trente.	— — ñèta fuka.
Cent-quarante.	— — ñanènt fuka.
Cent-cinquante.	— — ḍurôm fuka.
Cent-soixante.	— — ḍurôm bèna fuka
Cent soixante-dix.	— — ḍurôm ñar fuka.
Cent quatre-vingts.	— — ḍurôm ñèta fuka
Cent quatre-vingt-dix.	— — ḍurôm ñanènt fu-
Deux cents.	Ñâr-tëmër. (ka.
Trois cents.	Ñèta tëmër.
Quatre cents.	Ñanènt-tëmër.
Cinq cents.	Ḍurôm-tëmër.
Six cents.	Ḍurôm-bèna-tëmër.
Sept cents.	Ḍurôm-ñâr-tëmër.
Huit cents.	Ḍurôm-ñèta-tëmër.
Neuf cents.	Ḍurôm-ñanènt-tëmër.
Mille.	Ḍuné.
Mille un.	Ḍuné'k bèna.
— six.	Ḍuné'k ḍurôm bèna.
— six cents.	— ḍurôm-bèna-tëmër.
Deux mille.	Ñâr-ḍuné.
Six mille.	Ḍurôm-bèna ḍuné.
Million.	Ǹḍuné'nḍuné.

Diola	Sérèr
Kuy hutok.	Tèmèd.
Kuy hutok di yanor.	Tèmèd fo lèng.
— — kuluba.	Tèmed fo dik.
— — di kuhedi.	Tèmèd fo tadik.
— — di kubakir.	Tèmèd fo nahik.
— — di hutok.	Tèmèd fo bétik.
— — di hutok di yanor	Tèmèd fo bétu fo lèng.
— — di kugèn.	Tèmèd fo harbahay.
— — di kugèn di yanor	Tèmèd fo harbahay fo lèng
— — -di-yanor.	Tèmèd fo — 'n-dik.
— — di yanor kugèn.	Tèmed fo — -tadik.
— — di kuluba.	Tèmèd fo — -nahik.
— — di kuluba di kugèn	Tèmèd fo — -bétik.
— — di kuhedi	— fo —bétu fo lèng.
— — — di kugèn.	— fo —-bétu fu dik.
— — di kubakir	— fo —-bétu fu tadik.
— — di kubakir di kugèn	— fo —-nahik.
— kugèn.	Tèmèd dik.
— kono kat.	Tèmèd-tadik.
— kono euy.	Tèmèd-nahik.
— kono euy di hutok.	Tèmèd-bétik.
— kono euy di kugèn.	Tèmèd-bétu fa lèng.
— — — di — di kuluba	Tèmèd-bétu fu dik.
— — kuy kuluba.	Tèmèd-bétu fu tadik.
— — — kuhedi.	Tèmèd-bétu fu nahik,
— — — hutok.	Nduné.
	Nduné fo lèng.
	Ñduné fo bétu fo lèng.
	Nduné fo tèmèd-bétu fo
	Tuné-dik (lèng
	Ñduné bétu fo lèng.
	Tuné-nduné.

Nombres ordinaux.	Topanté.
Le premier, la première.	Ku ditu, ku deka, bènèl.
Le second, la seconde.	Ñârèl.
Le, la troisième.	Ñètèl.
— — quatrième.	Ñanèntèl.
— — cinquième.	Durômèl.
— — sixième.	Durôm-bènèl.
— — septième.	Durôm-ñârèl.
— — huitième.	Durôm-ñètèl.
— — neuvième.	Durôm-nanèntèl.
— — dixième.	Fukèl.
— — onzième.	Fukèl ak bèna.
— — douzième.	Fukèl ak ñâr.
— — treizième.	Fukèl ak ñèta.
— — quatorzième.	Fukèl ak ñanènt.
— — quinzième.	Fukèl ak durôm.
— — seizième.	Fukèl ak durôm-bèna.
— — dix-septième.	Fukèl ak durôm-ñâr.
— — dix-huitième.	Fukèl ak durôm-ñèta.
— — dix-neuvième.	Fukèl ak durôm-ñanènt.
— — vingtième.	Ñâr-fukèl.
— — ving et unième.	Ñâr-fukèl ak bèna.
— — trentième.	Ñèta-fukèl.
— — quarantième.	Ñanènt-fukèl.
— — cinquantième.	Durôm-fukèl.
— — soixantième.	Durôm-bèn fukèl.
— soixante et onzième.	Durôm-ñâr-fukâ'k bènèl
— — centième.	Tèmèrèl.
— — cent unième.	Tèmèrèl ak bèna.
— — deux centième.	Ñâr-tèmèrèl.
— — millième.	Ndunèl.
— — millionième.	Nduné'ndunèl.

Diola	Ndêfatir.
Atiar.	Lèngandêr.
Alubut.	Dikandêr.
Ahedut.	Tadkandêr.
Abakirèn.	Nahkandêr.
Atokèn.	Bêtkandêr.
Atokèn d'anor	Bêtu fa lèngandêr
Atokèn du kuluba.	Bêtu fu dikandêr.
Atokèn du kuhedi.	Bêtu fu tadkandêr.
Atokèn du kubakir.	Bêtu fu nahkandêr.
Agenèn.	Harbayahandêr.
Agenèn d'anor.	Harbahay fo lèngandêr.
Agenèn di kuluba.	— fo dikandêr.
— di kuhedi.	— fo tadkandêr.
— di kubakir.	— fo nahkandêr.
Akâtèn.	— fo bêtkandêr.
— d'anor.	— fo bêtu fo lèngandêr.
— di kuluba.	— fo bêtu fu dikandêr.
— di kuhedi.	— fo bêtu fu tadkandêr.
— di kubakir.	— fo bêtu fu nahkandêr.
Euyèn.	Karbay'n-dikandêr.
Euyèn d'anor.	— 'n dik fo lèngandêr.
Euyèn di kugèn.	Karbahay'n-tadkandêr.
Euyèn kuluba.	— -nahkandêr.
Kuyèn kuluba di kugèn.	Karbahay-bêtkandêr.
Kuyèn kuhedi.	— bêtu fa lèngandêr.
— — di kugèn d'anor.	— - fu dik fo lèngandêr.
— hutok.	Têmêdandêr.
— — di yanor.	Têmêd fo lèngandêr.
— kugèn.	Têmêdandêr fo dik.
— kuy kono hutok.	Ndunêndêr.
	Tuné-ndunêndêr. 10

CONJUGAISONS

LE VERBE ÊTRE
conjugué avec des substantifs.

AFFIRMATIVEMENT.

INDICATIF.

Présent.

Je suis roi	Mangi di bûr
Tu es soldat	Yangi di harékat
Il est esclave	Mungi di dâm
Nous sommes hommes	Nungi di i nit
Vous êtes des anges	Yèn angi di i malâka
Il sont des saints.	Ñunga di ñu sèla.

Imparfait.

J'étais un marchand	Dòn nâ dâykat
Tu étais acheteur	Dòn nga dendakat
Il était interprète	Dòn na lapato
Nous étions juges	Dòn nanu i atékat
Vous étiez avocats	Dòn ngën i layékat
Ils étaient témoins.	Dòn nañu i sérndé.

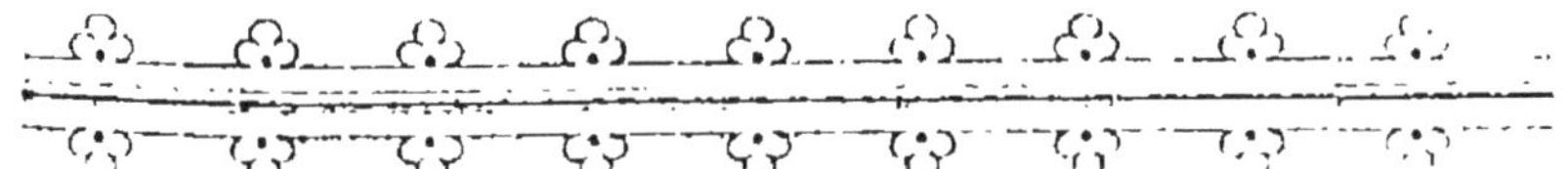

CONJUGAISONS

LE VERBE ÊTRE
conjugué avec des substantifs.

AFFIRMATIVEMENT.

INDICATIF.

Présent.

Indé mu euv	Mé'hèy o mâd
Av omu soldar	Vo'hèy o kîhiré
Akila'mu amikèl	O'hèy o pad
Olal omalmu bukan	In'vèy vin
Bukurul domu malaka	Nun'vèy malâka
Buko komu bukan kanabé	Vèy tèdu.

Imparfait.

Dilakêné anoma	Rèdâm o tidikah
Dulakêné —	Rèda o tidik
Dalakêné interprète	A rèda o lâlakit
Dilakêné kutiba	I ndèda hahaté
Dilakêné kufinkèna	Nu ndèda lâlaynôr
Kulakêné sèrndé	A ndèda firndé.

Passé conditionnel.

J'aurais été l'envoyé du roi	Kon ma di ndav al bûr.
Tu aurais été son courtisan	Kon nga di dag am
Il aurait été son écuyer	Kon nu di santâ'm
Nous aurions été princes	Kon nu di i gélavar
Vous auriez été ministres	Kon nu di i farba
Ils auraient été des nobles.	Kon ñu di ḍâmbûr.

Futur simple.

Je serai emprereur	Di nâ di bûr-fari
Tu seras l'héritier	Di nga di donakat
Il sera généralissime	Di na di darâf
Nous serons de bons cavaliers	Di nanu di i gavar yu bâh
Vous serez de courageux fantassins	Di ngën di i lîr yu ñéméñ
Ils seront de nombreux archers.	Di nañu di i fétakat yu baré.

Futur conditionnel.

Je serais maçon	Di nâ kon di tabahkat
Tu serais forgeron	Di nga kón di tega
Il serait cordonnier	Di na kon di ûdé
Nous serions laboureurs	Di nanu kon di i bèykat
Vous seriez tisserands	Di ngën kon di i raba
Ils seraient pêcheurs	Di nañu kon di i napakat

Passé conditionnel.

Fan ilakoèn aboñ al euy	Yàga n'rèf o sàngèḍ no màd
Fan ulakoèn atoṅġ ol	Yàga o rèf o tag um
Fan alakoèn aḷokora ata ata éfliuḍ ol	Yàga té rèf sûñit'um
Fan ulakoènal kuñol kuy	Yàga i ndèf gélvàr
Fan ḍilakoèn kunaba d'euy	Yàga nu ndèf farba
Fan kulakoèn kubuk kala èsuk ay.	Yàga dé ndèf ṭàmbùr.

Futur simple.

Fan ilako euy	Han n'rèf o màd fari
Fan ulako atouva (dar	Han o rèf bumi
Fan alako aban ata sol-	Han u rèf ḍàrâf
Fan ḍilako kuraboa ku-soni	Han i ndèf kavâr pâhu
Fan ḍilako soldar kay-enkï	Han nu ndèf lir sadu
Fan kulako kufuṭa kam-engé	Han dé ndèf hâhad a kas mayu.

Futur conditionnel.

Fan ilakoèn atèfa	Yàga n'rèf o màmah
Fan ulakoèn alafa	Yàga o rèf o tafah
Fan alakoèn akana ubaġ	Yàga té rèf o kôra
Fan ḍilakoèn kuvaña.	Yàga i ndèf hôhôh
Fan ḍilakoèn kurira	Yàga nu ndèf rìriv
Fan kulakoèn kubûtâ	Yàga dé ndèf ḍàḍàr

Subjectif.

Présent.

C'est moi qui suis le ber.	Mâ di sama bi
C'est toi qui es médecin	Yâ di fadkat
C'est lui qui est le mala.	Mô di darak da
C'est nous qui sommes les sourds (aveugles	Nô di ieb yi
C'est vous qui êtes les	Yën a di silmaha yî
Ce sont eux qui sont les paralytiques	Ñô di lafañ yi.

Passé absolu.

C'est moi qui étais maître d'école	Mâ dôn dungalkat
C'est toi qui étais écolier	Yâ dôn ndongo
C'est lui qui était chef	Mô dôn ndît
C'est n. qui étions boulangers	Nô dôn lakakat i mbûru
C'est vous qui étiez meunier (cuisinier,	Yën a dôn bodakat
Ce sont eux qui étaient	Ñô dôn logakat.

Conditionnel.

Futur.

C'est moi qui serais son compagnon (de	Mâ kon di anda'm
C'est toi qui serais gui-	Yâ kon di vonékat i yôn
C'est lui qui serait courrier	Mô kon di yonèt

SUBJECTIF.

Présent.

Diola	Sérèr
Indé' mu ahava'v	Mi rèfu kaynàk ohé
Av ommu abunéna	Vo rèfu bâvàdin ohé
Akila'mmu asumuta	Tèn rèfu bàd ohé
Olal omalmu kuhlokoa	In o ndèfu ram vé
Bukurul dommu kufùma	Nun o ndèfu fûl vè
Buko kommu bukan ka-boboé	Dèn o ndèfu lafûñ vé.

Passé absolu.

Diola	Sérèr
Indé ilakoên'mu alikèna kadanga	Mi rèdu tâdangin
Av ulakoên'mu alikèna	Vo rèdu ndongo
Akila alakoên'mu ahan	Tèn rèdu kèlfa
Olal ulakoênal'mu kusova éfor	In o ndèdu dûdud a kaf
Bukurul dilakoên'mu ku ñeya (ula.	Nun o ndèdu sûsug
Buko kulakoên mu kuñ-	Dèn o ndèdu dâdav

CONDITIONNEL.

Futur.

Diola	Sérèr
Indé entèn mu ilako an-abor ol (ol butin	Mi rèfkêgu o yôn um
Av ontèn mu ulako eîsa	Vo rèfkêgu o lâlal a dat
Akila antèn mu alako aboña	Tèn rèfkêgu o tulêr

C'est nous qui serions fidèles (traîtres	Nô kon di i nit ñu taku
C'est vous qui seriez	Yën a kon di i orkat
Ce sont eux qui seraient ennemis.	Ñô kon di i mbañ.

Objectif.

Présent.

C'est chrétien que je suis	Kértèn lâ
C'est impie que tu es	Yifar nga
C'est musulman qu'il est	Seriñ la
—volofs—nous sommes	Volof la ñu
—européens—vous êtes	Tubàb ngën
C'est sérères qu'il sont.	Sérèr la ñu

Passé absolu.

C'est blanchisseuse que j'étais (tu étais	Fotkat lâ ôn
C'est une couturière que	Ñavkat nga ôn
C'est mère de roi qu'elle était	Lingèr la vòn
C'est femmes de la reine que nous étions	I ndùkàn la na vòn
C'est princesses du sang que vous étiez	I gèlavar yu digèn ngën vôn.
C'est filles de roi qu'elles étaient.	I dòm i bùr la ñu vòn.

Olal ontèn mu ulakoal	In o ndèfkêgu vîn firu
Bukurul dontèn mu kunômôra	Nûn o ndèfkêgu hôhod
Buko kontèn mu kulako kulator	Dèn o ndèfkêgu fañ.

OBJECTIF.

Présent.

Indé kérțèn d'em	Kérțèn rèfum
Alator emit d'om	Yifar rèfo
Seriñ d'am	O siriñ a rèfu
Volof d'omal	Fâl i ndèfu
Elulum dom	Tubâb nu ndèfu
Sérèr kom	Sérèr a ndèfu.

Passé absolu.

Añava dilakoèné	O tàdap rèdum
Akika dulakoèné	O ñôño rèdo
Dav euy dalakoèné	Lingèr a rèdu
Kulong kata dav ala euy dulakoèn'alé	Ndukàn i ndèdu
Kuñol euy dilakoèné	Gélvàr rèv nu ndèdu
Kuñol euy kulakoèné.	A bi no màd a ndèdu

CAUSATIF.

Présent.

Français	Volof
C'est que je suis un nageur	Da ma di fëvkat
C'est que tu es un homme d'épée	Da nga di nit i haré
C'est qu'il est un collecteur d'impôts	Dèfa di sàhsàh
C'est que nous sommes des tentateurs	Da nu di i firkat
C'est que vous êtes des docteurs	Da ngën di i demanta-lékat
C'est qu'ils sont des plongeurs.	Da ñu di i nûrkat.

Passé absolu.

Français	Volof
C'est que j'étais chef	Da ma dòn kélifa
C'est que tu étais un fainéant	Da nga dòn taëlkat
C'est qu'il était un homme loyal	Dèfa dòn nit ku goré
C'est que nous étions des hommes forts	Da nu dòn i ponkal
C'est que vous étiez des insensés	Da ngën dòn i gör yu dof
C'est qu'elles étaient des folles.	Da ñu dòn i digën yu dof.

CONDITIONNEL.

Futur.

Français	Volof
C'est que je serais nattier	Da ma kon di rabakat i lal i degèt

CAUSATIF.

Présent.

Diola	Sérèr
Avaḍa d'emmu	Kân n'rèf o bèvèḍ
Alika d'emmu	Kân o rèf o kîn'hiré
Aǧar abaṭam euv d'amu	Kân a rèf sâhsâh
Kubuta dommu	Kân i ndèf fôfog
Kulikèna ḍ'ommu	Kân mu ndèf âakatin
Kúkuhèna kommu	Kân dé ndèf mômud.

Passé absolu.

Diola	Sérèr
Euv dilakoèn'mu	Kân n'rèdu kélä
Alél dulakoèn'mu	Kân o rèdu tail
An asoni dalakoèn'mu	Kân a rèdu kîn o koré
Bukan kata sémbé dilakoèn'mu	Kân i ndèdu ponkil
Sisoṅg dilakoèn'mu	Kân mu ndèdu gôr dofu
Karé kasoṅgélé kulakoèn'mu	Kân dé ndèdu rèv dofu

CONDITIONNEL

Futur.

Diola	Sérèr
Fau ilakoèn arira ubasa	Kân n'rèfkà yâga o tiriv fu sar

Français	Volof
C'est que tu serais un arpenteur	Da nga kon di ñatakat i sûf
C'est qu'il serait un fondeur	Dèfa kon di séyalkat i vèñ
C'est que nous serions des mendiants	Da ñu kon di yêluvankat
C'est que vous seriez des laitières	Da ngën kon di i ḍaykat i sôv
C'est qu'ils seraient des voisins.	Da nu kon di i dekando

IMPÉRATIF.

Direct.

Sois roi	Dêl bûr
Soyez rois.	Dê lën i bûr.

Indirect.

Que je sois un joueur	Nâ di urikat
Que tu sois un harponneur (neur	Na nga di sanikat i kaḍa
Qu'il soit un moisson-	Na di göbkat
Que nous soyons des guérisseurs (deurs	Na nu di i râgalkat
Que vous soyez des rô-	Na ngën di i tembalukat
Qu'ils soient des rameurs	Na ñu di i ḍòvkat.

SUPPOSITIF.

Présent et futur.

Si je suis prophète	Su ma dê yonènt
Si tu es prêtre	Sô di parêtar

Diola	Sérèr
Fan ulakoên alika élam ay	Kân o rèfkâ yâga o lilib' lang
Fan alakoên kubua mañ	Kân a rèfkâ yâga o ladây ndèlèm
Fan dilakoên kublava	Kân i ndèfkâ yâga sàsadahnôh
Fan dilakoên kulobèn mihl	Kân nu ndèfkâ yâga didikah fo sôv (tand
Fan kulakoên kukinor	Kân a ndèfkâ yâga gèn-

IMPÉRATIF.

Direct.

Ulako euy	Rèfi mâd
Dilako kuy	Ndèfyo mâd.

Indirect.

Ilako aluka	Fat n'rèf o bòvori
Nulako afuta	Fat o rèf o tôdôr o gâm
Nulako alinkèta	Fat a rèf o sàsahad
Nulakoal kubunéna	Fat i ndèf bâvâdin
Min dilako kuñahora	Fat nu ndèf tètêmbéloh
Min kulako kubondoka	Fat dé ndèf lâlaf.

SUPPOSITIF.

Présent et futur.

Ilakommu aboña at'émit	N'rèfangâ lulêr
Ulakommu parélar	O rèfangâ parélâr

S'il est homme	Su di nit.
Si nous sommes bons cavaliers (libres	Su nu di i gavar yu bah
Si vous êtes hommes	Su ngën di i ḍâmbur
S'ils sont esclaves.	Su ñu di i ḍâm.

Passé.

Si j'étais sonneur	Su ma dôn tegakat
Si tu étais frondeur	Sô dôn sanikat i mbaha
S'il était un voleur	Su dôn saṭakat.
Si nous étions mille	Su nu dôn nḍuné nit
Si vous étiez parents	Su ngën dôn i mboka
S'il étaient lutteurs.	Su ñu dôn i berékat.

NÉGATIVEMENT.

INDICATIF.

Présent.

Je ne suis pas un écrivain	Du ma bindakat
Tu n'es pas mon hôte	Dô suma gan
Ce n'est pas une femme	Du digèn
Nous ne sommes pas des enfants	Du nu i halèl.
Vous n'êtes point des jeunes gens	Du lën i vahambâné
Ils ne sont pas vieux	Du ñu i magèt.

Passé absolu et relatif.

Je n'étais pas un cruel	Du ma von nit ku nëg
Tu n'étais pas un envieux	Dô von añanékat

Alakommu an	A réfangâ o kin
Ulakahmmu kuraba kuso	I ndéfangâ kavâr pahu
Dilakommu kubuk	Nu ndéfangâ tâmbâr
Kulakommu kuñûél	A ndéfangâ fad.

Passé.

Hakoèn'mu atéka hudélé-	N'rêdangâ kâhav
Ulakoèn'mu afolinkadeng	O rèdangâ o tédéb o sû-
Alakoèn'mu akû (menĝ	A rèdangâ o kûd (sân
Ulakoénal mu bukan ku-	I ndêdangâ vîn nduné
Dilakoênmu hubuké	Nu ndêdangâ fog
Kulakoènmu kulaḍa.	A ndêdangâ mâmâfir.

NÉGATIVEMENT.

INDICATIF.

Présent.

Hèt abindar	Rèfim o pîbind
Ulèt aḍar'om	Rèfiro kénar és
Lèt anaré	Rèfé o lév
Ulètal bañil	I ndèfé a tébandôug
Dilèt bafur	Nu ndèfé a pès
Kulèt kuhan	Ndèfé mâk

Passé absolu et relatif.

Hakoênut an alafuté	Rèdîm o kin o nègu
Ulakoênut atikanora	Rèdiro o kahañâu

Français	Volof
Il n'était pas avare	Du von ku nëgari
Nous n'étions pas pares- seux (gues	Du nu von itaèl
Vous n'étiez pas ivro-	Du lën von i nânkat
Ils n'étaient pas gour- mands.	Du ñu von ñu fuhalé.

CONDITIONNEL.

Passé.

Français	Volof
Je n'aurais pas été un devin	Kon du ma gisânékat
Tu n'aurais pas été un sorcier	Kon dô dema
Il n'aurait pas été un menteur	Kon du fènkat
Nous n'aurions pas été colères	Kon du ñu mèrkat
Vous n'auriez pas été rancuniers	Kon du lën tongôkat
Ils n'auraient pas été imposteurs.	Kon du ñu nâfèha.

Futur.

Français	Volof
Je ne serais pas muet	Du ma kon di lu
Tu ne serais pas borgne.	Dô kon di pata.
Il ne serait pas bancal (pauvres	Du kon di sôhkat
Nous ne serions pas	Du nu kon di i badôla
Vous ne seriez pas des étrangers (leurs	Du lën kon di i dohan
Ils ne seraient pas vo-	Du ñu di i saṭakat.

Diola	Sérèr
Alakoênut an alaténé	Rêdê o nêgadaru
Ulakoênutal kulêl	J ndêdê taylu
Dilakoênut kuhoba	Nu ndêdê hêhêd
Kulakoênut kugama.	Ndêdê fudu.

CONDITIONNEL.

Passé.

Diola	Sérèr
Lêt ilakoên —	Yâga rêfim o kîgisâné
Lêt ulakoên assay	Yâga rêfiro o nak
Lêt alakoên atuta	Yâga rêfêr o mâb
Lêt ulakoênal kuhlêta	Yâga i ndèfêr fûfûh
Lêt dilakoên —	Yâga nu ndèfêr fûfûhir
Lêt kulakoên kutûta.	Yâga ndèfêr nânah

Futur.

Diola	Sérèr
Lêt ibil ilakoên an aylat élob (lêt	Rêfkim yâga o tam (lèng
Lêt ubil ulakoên kafégé-	Rêfkiro yâga o yal yîf-
Lêt abil alakoên adinka	Rêfké yâga o lâlad
Lêt ubil ulakoênal kusukatèn (ra	In ndèfké yâga miskiñ (dêm
Lêt dibil dilakoên kuda-	Nu ndêfké yâga tohan
Lêt kubil kulakoên kuku	Ndêfké yâga disdis.

11

Subjectif.

Présent.

C'est moi qui ne suis pas un jureur	Mâ dul geñkat
— toi qui n'es pas pieux	Ya dul dulit
— lui qui n'est pas un emprunteur	Mô dul lèbkat
C'est nous qui ne sommes pas des prêteurs	Nô dul i lèblékat
C'est vous qui n'êtes pas moissonneurs	Yèn a dul i göbkat
Ce sont eux qui ne sont pas matelots.	Ñô dul i nit i gâl.

Passé absolu.

C'est moi qui n'étais pas un songeur	Mâ dul ôn géntakat
— toi qui n'étais pas un babillard	Yâ dul ôn vahkat
— lui qui n'était pas pensif	Mô dul ôn halâtkat.
C'est nous qui n'étions pas de bons tireurs	Nô dul ôn i dana
— qui n'étiez pas hypocrites	Yèn a dul ôn i mikar
Ce sont eux qui n'étaient pas disputeurs.	Ñô dul ôn i hulokat.

Futur conditionnel.

C'est moi ne serais pas querelleur	Mâ kon dul amlékat
C'est toi qui ne serais pas médisant	Yâ kon dul devkat

SUBJECTIF.

Présent.

Diola	Sérèr
Indé ilèt'mu anura	Mi rèfêru o kâgâñ
Av ulèt'mu afal Emit	Vo rèfêru dulit
Akila alèt'mu ataga	Tèn rèfêru o târav
Olal ulètal'mu kutagéna	In o ndèfêru râravin
Bukurul dilèt'mu kulin-kéta	Nun o ndèfêru sâsahad
Buko kulèt'mu matelot	Dèn o ndèfêru vîn a kal.

Passé absolu.

Diola	Sérèr
Indé ilakoênut'mu asâhuta	Mi rèdêru o dâdâd
Av ulakoênut'mu aloba	Vo rèdêru o lâla
Akila alakoênut'mu ainora	Tèn rèdêru o kâhalam
Olal ulakoênutal'mu ku fumbéna	In o ndèdêru dana
Bukurul dulakoênut'mu sikusum	Nûn o ndèdêru yémémar
Buko kulakoênut'mu ku gamora.	Dèn o ndèdêru gâgasir.

Futur conditionnel.

Diola	Sérèr
Indé êtut'mu ilako abadora	Yâga rèfim o têdégir
Av ôtut mu ulako alobora	Yâga rèfiro o ñûñu

C'est lui qui ne serait pas un vaurien	Mô kon dul sàysày
C'est nous qui ne serions pas assassins	Nô kon dul i bömkat
C'est vous qui ne seriez pas des pillards	Yēn a kon dul i lelkat
Ce sont eux qui ne seraient pas oppresseurs.	Ñô kòn dul i dàntukat.

Prohibitif.

Direct.

Ne sois pas un trompeur	Bul di nahékat
Ne soyez pas des adultères.	Bu lēn di i dalokat.

Indirect.

Que je ne sois pas gardien.	Bu ma di topatokat
Qu'il ne soit pas chasseur	Bu mu di rebakat
Que nous ne soyons pas débiteurs	Bu nu di i lébkat
Qu'ils ne soient pas décorateurs.	Bu ñu di i nahatkat

LE VERBE IMPERSONNEL « C'EST ».

Affirmativement.

Présent.

C'est moi	Man la
C'est toi	Yov la

Akila atut'mu alako eku sum	Yàga rèfèr sàsay
Olal otulal'mu kalako ku muka	Yàga i ndèfèr bôbôm
Bukurul dotut' mu ḍilako kuku	Yàga nu ndèfèr gàgavlah
Buko kolut'mu kulako kugotèna	Yàga ndèfèr ḍàḍàb.

PROHIBITIF.

Direct.

Dakum ulako abunta	Ba rèf o nânah
Dakum ḍilako sikusum	Ba nu ndèf ḍàḍàlo

Indirect.

Dakum ilako afoya	Ba 'n rèf o tôtopatah
Dakum alako afamlèna	Bar a rèf o kàhaḍlah.
Dakum ulakoal kuṭaga	Bar i ndèf rârav
Dakum kulako agriṭèna	Bar a ndèf bûbu yadé.

LE VERBE IMPERSONNEL « C'EST ».

Affirmativement.

Présent.

Inḍé	Mi ô
Av	Vo ô

C'est lui	Môm la
C'est Pierre	Pèr la
C'est nous	Nun la
C'est vous	Yèn la
C'est eux	Ñôm la
Ce sont des arbres.	I garap la.

Passé absolu.

C'était moi	Mân la vòn
C'était toi	Yov la vòn
C'était lui	Môm la vòn
C'était Samba	Samba la vòn
C'était nous	Nun la vòn
C'était vous	Yèn la vòn
C'était eux	Ñôm la vòn
C'étaient des maisons.	I ker la vòn.

Passé conditionnel.

C'eût été moi	Man la kon
C'eût été toi	Yov la kon
C'eût été lui	Môm la kon
C'eût été Jean	Sang la kon
C'eût été nous	Nun la kon
C'eût été vous	Yèn la kon
C'eussent été eux.	Ñôm la kon.

Négativement.

Présent.

Ce n'est pas moi	Du man
Ce n'est pas toi	Du yov
Ce n'est pas lui	Du môm
Ce n'est pas un européen	Du tubâb

Diola	Sérèr
Akila	Tèn ô
Pèr	Pèr ô
Olal	Ino ô
Bukurul	Nûno ô
Buko	Dèno ô
	Tahar ô.

Passé absolu.

Diola	Sérèr
Indé èn	Mi a rêdu
Av èn	Vo a rêdu
Akila èn	Tèn a rêdu
Samba èn	Samba rêdu
Olal èn	In o rêdu
Bukurul èn	Nûn o rêdu
Buko èn.	Dèn a rêdu
	Pind a rêdu.

Passé conditionnel.

Diola	Sérèr
Lakoènmu indé	Mi a rèfkègu
Lakoènmu av	Vo a rèfkègu
Lakoènmu akila	Tèn a rèfkègu
Lakoènmu Jean	Sang a rèfkègu
Lakoènmu olal	In o rèfkègu
Lakoènmu bukurul	Nûn ô rèfkègu
Lakoènmu buko	Dèn o rèfkègu.

Négativement.

Présent.

Diola	Sérèr
Lèt indé	Rèfé mi
Lèt av	Rèfé vo
Lèt akila	Rèfé tèn
Lèt élulum	Rèfé tubáb

Ce n'est pas nous	Du nun
Ce n'est pas vous	Du yèn
Ce ne sont pas eux.	Du ñòm.

Passé absolu.

Ce n'était pas moi	Du vòn man
Ce n'était pas toi	Du vòn yov
Ce n'était pas lui	Du vòn mòm
Ce n'était pas Pierre	Du vòn Pèr
Ce n'était pas nous	Du vòn nun
Ce n'était pas vous	Du vòn yèn
Ce n'étaient pas eux	Du vòn ñòm.

Passé conditionnel.

Ce n'eût pas été moi	Du kon man
Ce n'eût pas été toi	Du kon yov
Ce n'eût pas été lui	Du kon mòm
Ce n'eût pas été nous	Du kon nun
Ce n'eût pas été vous	Du kon yèn
Ce n'eussent pas été eux.	Du kon ñòm.

LE VERBE ÊTRE
conjugué avec des qualificatifs.

Affirmativement.

Aoriste.

Je suis garant	Do nà varlnkat
Tu es un rapporteur	— nga duràlékat
Il est un acheteur	— na dèndakat
Nous sommes chicaneurs	— nañu i dèmtnkat
Vous êtes des circoncis-	— ngèn i gàmànkat.
Ils sont poltrons. (seurs	— nañu i ragalkat.

Diola	Sérèr
Lèt olal	Réfé in, in o
Lèt bukurul	Réfé nùn, nùn o
Lèt buko	Réfé dèn, dèn o.

Passé absolu.

Diola	Sérèr
Lakoènut indé	Rèdè mi
Lakoènut av	Rèdè vo
Lakoènut akila	Rèdè tèn
Lakoènut Pèr	Rèdè Pèr
Lakoènut olal	Rèdè in o
Lakoènut bukurul	Rèdè nùn, nùn o
Lakoènut buko	Rèdè dèn, dèn o.

Passé conditionnel.

Diola	Sérèr
Lèt lakoèn indé	Rèfkègé mi
Lèt lakoèn av	Rèfkègé vo
Lèt lakoèn akila	Rèfkègé tèn
Lèt lakoèn olal	Refkège in, in o
Lèt lakoèn bukurul	Rèfkègé nùn, nùn o
Lèt lakoèn buko	Rèfkègé dèn, dèn o.

LE VERBE ÊTRE
conjugué avec des qualificatifs.

Affirmativement.

Aoriste.

Diola	Sérèr
Dilakoé arambéna	Rèfàm o kàgadah
Dulakoé anomora	Rèfà o kôhobat
Dalakoé anoma	A rèfa o lîdig
Dulakoalé kugéha	I ndèfa tumlang
Dilakoé kurura	Nu ndèfa gâmân
Kulakoé kukohlie	A ndèfa sadar.

Présent actuel.

Français	Volof
Me voici être un esclave	Mangi do dâm
Te voici être un armu-rier (geur	Yangi do dèfarkat i ga- nay
Le voici être un char-	Mungi do ébkat
Nous voici être cordiers (meurs	Nungi do i dèfarkal i bûm
Vous voici être des dor-	Yën angi do i nélaykal
Les voici être des don-neurs.	Ñungi do i mayékat.

Passé absolu et relatif.

Français	Volof
J'étais orateur	Do òn nâ borom kadu
Tu étais un danseur	Do òn nga fétakat
Il était un chanteur	— òn na voykat
Nous étions des siffleurs	— òn nanu i veliskat
Vous étiez des gardes	— òn ngën i volokat.
Ils étaient disputeurs.	— òn nañu i bulôkat

Passé conditionnel.

Français	Volof
J'aurais été un homme adroit	Do kon nà vàné
Tu aurais été un igno-rant	Do kon nga pung
Il aurait été roi	Do kon na bûr
Nous aurions été fos-soyeurs	Do kon nanu i gaskat i bamèl
Vous auriez été cajoleurs	Do kon ngën i néhalkat
Ils auraient été des pro-tecteurs.	Do kon nañu i sanga.

Futur simple.

Français	Volof
Je serai un homme grand	Di nâ do nit ku guda
Tu seras un homme sage	Di nga nit u sago

Présent actuel.

Indé'mu amikèl	Mé hèy rèf o pad (nah
Av umu akana	Vo hèy rèf o kâhav bo-
Akila'mu adufa (unèv	O hèy a rèf o tòrok o kal
Olal umbuku kukana-	In vèy ndèf mòmod fu-
(ta	bâk
Bukurul umbuku kugo-	Nûn vèy ndèf dâdân
Buko umbuku kulako	Vèy a ndèf titit.
kudie	

Passé absolu et relatif.

Dilakoêné orateur	Rèdâm o yâl fa lay
Dulakoêné ayokoña	Rêda o péfèt
Dalakoêné akidéna	A rêda o kîgim
Dulakoenalé kuhunduka	I ndêda bùvùd
Dilakoêné kufoya	Nu ndêda bòvòtah
Dilakoêné kugamora	A ndêda hâhasir.

Passé conditionnel.

Fan ilakoên an aselié	Rèfkègàm vàné
Fan ulakoèn an asong-élé	Rèfkêgâ pùng
Fan alakoèn cuy	A rèfkèga màd
Fan ulakoènal kuroka	I ndèfkèga gàga poy
kuyak (lèna	
Fan dilakoèn kububu-	Nu ndèfkêga nènèhil
Fan kulakoèn —	A ndèfkèga gàgadah.

Futur simple.

Fan ilako an èmek	Han rèf o kin o tigdu
Fan ulako an asoni	Han o rèf o kin sagu

Français	Volof
Il sera un ami sûr	Di na do harit bu ör
Nous serons des hon- nêtes gens	Di nanu do i nit ñu dub
Vous serez des anges	Di ngën do i malâka
Ils seront bienheureux	Di nañu do i tèhèt.

Futur conditionnel.

Je serais roi	Di nà kon do bûr
Tu serais esclave	Di nga kon do dam
Il serait libre	Di na kon do dàmbur
Nous serions courageux	Di nanu kon do dàmbàr
Vous seriez des lâches	Di ngën kon do i ragal
Ils seraient effrayés.	Di nañu kon do ñu domi

Négativement.

Présent.

Je ne suis rien	Dou ma dara
Tu n'es pas un fou	Dou la dof
Elle n'est pas belle	Doul ku rafèt
Nous ne sommes pas des femmes mariées	Dou nu i dêk
Vous n'êtes pas veuves	Dou lën i dotin
Ils ne sont pas orphelins	Dou ñu i bàyo.

Passé.

Je n'étais pas infirme	Dou ma vôn darak
Tu n'étais pas planteur	Dou la vôn dikat
Ce n'était pas son enfant	Doul vôn dòm am
Nous n'étions pas joueurs	Dou nu vôn i foantukat
Vous n'étiez pas gra- veurs (cheurs	Dou lën vôn fitkat
Ils n'étaient pas cher-	Dou ñu vôn i ûtkat.

Diola	Sérèr
Fan alako afal	Han a rèf harit fa sadku
Fan ulakoal bokan ka-daké	Han i ndèf vin dofu
Fan dilako malaka (hé	Han nu ndèf malàka
Fan kulako bukan kana-	Han dè ndèf téhèt.

Futur conditionnel.

Diola	Sérèr
Fan ibil ilakoèn eny	Rèfkègâm o mâd
Fan ubil ulokoén amakél	Rèfkèga o pad
Fan abil alakoèn abuk	A rèfkèga dâmbûr
Fan ubil ulakoènal —	I ndèfkèga tambàr
Fan dibil dilakoèn bukan	Nu ndèfkèga sadar
Fan kubil kulakoèn bu-kan kagagoé	A ndèfkèga domu.

Négativement.

Présent.

Diola	Sérèr
Hèt vah o vah	Rèfim tus
Ulèt an a vélé	Rèfiro dof
Alèt an a daké	Rèfèr o mosu
Ulètat bukan kanimoé	I ndèfèr muhularé
Dilèt si vangat	Nu ndèfèr nâvah
Kulèt bayo	Ndèfèr bâyo.

Passé.

Diola	Sérèr
Hakoènut an asumuté	Rèdim o bâd
Ulakoènut alluka	Rèdiro tûdûf
Alakoènut añol ol	Rèdèr o bè'm
Ulakoènutal kuhañoa	I ndèdè gàgas
Dilakoènut kugritèna	Nu ndèdèr bûbuyâdé
Kulakoòmul kugesa	Ndèdè bàvâd

Passé conditionnel.

Je n'aurais pas été roi	Du ma kon do bûr
Tu n'aurais pas été es-clave	Dô kon do ḍâm
Il n'aurait pas été un homme	Du kon do nit
Nous n'aurions pas été princes	Du nu kon do i gélavar
Vous n'auriez pas été bons cavaliers	Du lën kon do i gavar
Ils n'auraient pas été fantassins.	Du ñu kon do i lîr

Futur.

Je ne serai pas un trans-fuge	Du ma do ḍambukat
Tu ne seras pas un squelette	Dô do i yah i nën
Il ne maudira pas tou-jours	Dô do mölukat
Nous ne serons pas des fendeurs	Du nu do i harkat
Vous ne serez pas pil-lards (cadavres.	Du lën do i gîrkat
Ils ne seront pas des	Du ñu do i nîv

Passé conditionnel.

Lèt ilakoên euy	Rèfkêgîm o mâd
Lèt ulakoên amikèl	Rèfkêgiro pad
Lèt alakoên an	Rèfkêgê kîn
Lèt ulakoênal kuñol eyu	I ndèfkêgê gèlvâr
Lèt djlakoên kuraboa	Nu ndèfkêgê kâvâr
Lèt kulakoên kutika	Ndèfkêgê lir

Futur.

Lèt ilako avuya	Rèfkîm o tâdabah
Lèt ulako étikor	Rèfkiro kîd a bor
—	Rèfkêr o mômôlah
Lèt ulakoal kugis	I ndèfkêr sêsêb
Lèt djlako kugoténa	Nu ndèfkêr bâhara
Lèt kulako sihulung	Ndèfkêr a tal.

VERBES QUALIFICATIFS.

Affirmativement

Énonciatif.

Aoriste.

Je suis bon	Bâh nâ
Tu es saint	Sèla nga
Il est beau	Rafèt na
Nous sommes heureux	Bëg nanu
Vous êtes justes	Dub ngën
Ils sont propres.	Sèt nañu.

Présent.

Voici que je suis laid	Mangi ñâv
Voici que tu es franc	Yangi lèv
C'est tranchant	Mungi ñav
Nous sommes lourds	Nungi dîs
Vous êtes légers	Yën angi-voyèf
Ils sont plats.	Ñungi tèla

Passé absolu.

J'avais froid	Liv ôn nâ
Tu étais insensible	Derkîs ôn nga
Il était petit	Gat ôn na
Nous étions rouges	Honh'ôn nanu
Vous étiez noirs	Ñûl ôn ngën
Ils étaient blancs	Vêh ôn nañu.

Futur.

Je serai méchant	Di nâ sôhor
Tu seras honteux	Di nga toroh
Il sera orgueilleux	Di na gabu

VERBES QUALIFICATIFS.

Affirmativement

ÉNONCIATIF.

Aoriste.

Indé d'idaké	Fâh hâm
Av' d'unabé	Tèd â
Akila d'adaké	A mos a
Olal d'ufedoalé	I mbéga
Bukurul dinabé	Nu ndofa
Buko kudaké	A ngöl a.

Présent.

Indémé ñigolé	Mé hèy farid
Av'mu aloba mahlagèn	Vo hèy lèv
Uvu n'éñèké	O hèy a vèl
Olal umbuké nulilalé (lié	In vèy mèd
Bukurul umbuku min di-	Nûn vèy yélèf
Buko umbuku min diréré-	Vèy a lét
noré.	

Passé absolu.

Ditontèt éné	Dogoñdèm
D'uhlahlé énil	Dirdâ
D'atiliéné	A rabda
Dudunkénalé	I yahigda
Dihlaynéné	Nu baligda
Kuhiléné	A ndanigda.

Futur.

Fan ilaful	Han sohod
Fan usu	Han o toroh
Fan atèb hukov ol	Han a gop

12

Nous serons fatigués	Di nanu lota
Vous serez courageux	Di ngën ñémèn
Ils seront laborieux.	Di nañu savar

Passé conditionnel.

J'eusse été libéral	Yévén kon nâ
Tu aurais été loyal	Goré kon nga
Il eût été méchant	Sohor kon na
Nous aurions été indo-lents	Taèl kon nanu
Vous auriez dégénéré	Gali kon ngën
Ils auraient été coura-geux.	Ñéméñ kon nañu

Futur conditionnel.

J'aurais excellé	Di nâ kon vané
Tu serais prompt	Di nga kon gav
Ce serait mal	Di na kon bon
Nous serions bien élevés	Di nanu kon yaru
Vous seriez aimants	Di ngën kon sopé
Ils seraient jaloux.	Di nañu kon fir.

SUBJECTIF.

Aoriste.

C'est moi qui suis rusé	Mâ mûs
C'est toi qui es sot	Yâ dof
C'est lui qui est stupide	Mô ñoradi
— n. — sommes plus agés	Nô mag
— v. — êtes soupçonneux	Yën a fôg
Ce sont eux qui sont adroits.	Ñô hérèñ.

Fan uyokal	Han i ngèr
Fan diyenki	Han nu sad
Fan kuñikan	Han dè savar,

Passé conditionnel.

Fan ilakoên adie	Moskêgâm o fud
Fan ulakoên an asoni	Gorékêgâ
Fan alakoên an alafuté	A sohodikêga
Fan ulakoênal bukan kalélié	I tailkêga
Fan dilakoên sigoun	Nu ngalikêga
Fan kulakoên kumali-eng	A sadkêga.

Futur conditionnel.

Fan isèlièn	Rêfkêgâm vâné
Fan uhirèn	Ñofkêgâ
Fan gotièn	A bonkêga
Fan usoniè+nal	I yarôhkéga
Fan dibolièn	Nu ndèfkêga fèh
Fan kukfioén	A nâlkêga.

SUBJECTIF.

Aoriste.

Indé itofo'mu	Mi dîdu
Av usogèt'mu	Vo dofu
Akila anaso'mu	Tèn foradaru
Olal uraher âlé	In o mâku
Bukurul diylo kakitèn	Nûn o mbôgu
Buko kusélîmu	Dèn o sédu.

Passé absólu.

C'est moi qui ai été patient	Mâ muñ ôn
C'est toi qui as été impatient	Yâ muñadi ôn
C'est lui qui a été affable	Mô yomb'ôn
C'est nous qui avons été discrets	Nô nopi ôn
C'est vous qui avez été pétulants	Yën a yengatu vôn
Ce sont eux qui s'étaient accordés.	Ñô mené ôn.

Futur.

C'est moi qui deviendrai mince	Mâ di sèvi
C'est toi qui seras vieux	Yâ di magèti
C'est lui qui sera fort	Mô di didi
C'est nous qui serons fermes	Nô di dégéyi.
C'est vous qui serez méchants	Yën a di sohori
C'est eux qui seront bien constitués.	Ñô di yâi.

Passé conditionnel.

C'est moi qui aurais été bon	Mâ bâh kon
C'est toi qui aurais été heureux	Ya tèhé kon
C'est lui qui aurait été joyeux (été insatiables.	Mô bëg kon
C'est nous qui aurions	Nô begé kon

Passé absolu.

Diola	Sérèr
Indé imûtènèn'mu	Mi muñdu
Av uyliènut'mu kamu-lèn	Vo muñadardu
Akila asumèn'mu	Tèn yóbdu
Olal ufalikènmenal'mu	In o timdu
Bukurul dililivorèn'mu	Nûn o yonôhdu
Buko kusumên'mu	Dèn o mbâgirdu.

Futur.

Diola	Sérèr
Indé'mu ibil imis	Mi nâ hodkâ
Av ômu ubil ubalèn	Vo nâ mâkkâ
Akila amu abad sèmbé	Tèn nâ maginkâ
Olal otal'mu uyenkial	In o nâ sadikkâ
Bukurul domu dibil diléfut	Nûn o nâ sohodkâ
Buko komu kulil don	Dèn o nâ yadkâ.

Passé conditionnel.

Diola	Sérèr
Indé élèn'mu isum	Mi fâhkêgu
Av otèn'mu ufedo	Vo dâykêgu
Akila élèn'mu asum ay	Tèn bégkêgu
Olal otènal'mu ugamal	In o mbugkêgu halal.

| C'est vous qui auriez été obéissants | Yën a dégalé kon |
| Ce sont eux qui auraient été doux. | Ñô lévèt kon. |

Négativement.

ÉNONCIATIF.

Présent.

Je ne suis pas difforme	Lagiu ma
Tu n'es pas laid	Ñâvu la
Ce n'est pas insipide	Safadiul
Nous ne sommes pas vieux	Magètu nu
Vous n'êtes pas fidèles	Takuvu lën
Ils ne sont pas lâches.	Ragalu ñu

Passé.

| Je n'étais pas ferme | Degeru ma vôn |
| Ce n'était pas doux. | Nêhul ôn. |

Futur.

| Ce ne sera pas facile | Du vombi |
| Ce ne sera pas convenable. | Du tédi |

Passé conditionnel.

| Il n'eût pas été trop fier | Gabuvul kon |
| Ils n'eussent pas été fatigués. | Lotu ñu kon. |

Diola	Sérèr
Bakurul dotèn'mu di-nah didan	Nùn o nanankêgu
Buko kotèn'mu kusum.	Dèn o butkêgu.

Négativement.

ÉNONCIATIF.

Présent.

Diola	Sérèr
Ikadut	Lag'îm
Ugotint	Fardiro
Alélint	Safadarêr
Uhalenutal	I mâkêr.
D'ibûbont	Nu mbîrêr
Kukoblint	Sadarêroyo.

Passé.

Diola	Sérèr
Idokênut don	Sadikdîm
Sumênut	Fèldêr.

Futur.

Diola	Sérèr
Lèt sum kakan	Yobkêr
Lèt dak.	Têdkêr.

Passé conditionnel.

Diola	Sérèr
Lèt atébên hukov ol	Gopkêgêr
Lèt kuyokên	Ngèrkêgêr.

Futur conditionnel.

Ce ne serait pas rare	Du kon da éñi
Vous ne seriez pas hon-teux.	Du ngën kon rusi.

SUBJECTIF.

Présent.

C'est moi qui ne suis pas crédule	Mâ gemévul
C'est toi qui n'es pas remuant	Yâ sobul.

Passé.

C'est lui qui n'était pas joyeux	Mô bëgul ön
C'étaient les poignards qui n'étaient pas affilés	Gohar yâ lévul ön.

Futur.

C'est nous qui ne serons pas diligents	Nô dul savari
C'est vous qui ne serez pas silencieux	Yën a dul nopodi
Ce sont eux qui ne se-ront pas paresseux.	Nô dul taëli.

Passé conditionnel.

C'est la terre qui aurait été stérile	Süf së nanguvul ön
C'est la pioche qui n'au-rait pas été pesante.	Tos bë disul kon

Futur conditionnel.

Lèt séndièn kakan	Dafèñkègèr
Lèt disuèn	Ñu sèdkègèr.

SUBJECTIF.

Présent.

Indé étènut'mu ilako ay-néna	Mi gimim
	Vo sobèru.

Passé.

Akila assumay énut'mu	Tèn bègèru
Budunko abu ñekénut'-mu	Tapil kâ mbèldèru.

Futur.

Olal olututal'mu uñinka-nal	In o savakèru
Bukurul donténut'mu difatikèm	Nûn o timkèru
Buko konténut' mu ku-léli	Dèn o tailkèru.

Passé conditionnel.

Elam ay yonténut mu édak	Laug ké ndapkèrdu
Kaḍandu aku konténut' mu kuliti	A tôs alé médèru.

CONJUGAISON

des verbes d'ÉTAT et d'ACTION.

AFFIRMATIVEMENT.

ÉNONTIATIF.

Aoriste.

J'aime Dieu · (role	Sopa ná Yalla
Nous avons ouï ,sa pa-	Déga nanu bât am.

Présent.

Voici que je crois	Mangê gem
Voici que tu vois.	Yangê gis

Passé absolu.

Il avait haï le péché	Bañ ôn na bakâr
Ils avaient labouré un	Bèy ôn nañu tôl.
champ.	

Passé relatif.

Tu détestais ton crime	Dôn nga rêtu sa ñâvtèf
Vous parliez de lui.	Dôn ngën ko vahtâné.

Futur.

Il mourra un jour	Di na dë bès
Ils tomberont.	Di nañu dânu.

Futur conditionnel.

Je l'aurais méprisé	Hêb kon ná ko
Nous l'aurions acheté.	Denda kon nanu ko.

CONJUGAISON

des verbes d'ÉTAT et d'ACTION.

AFFIRMATIVEMENT.

ÉNONTIATIF.

Aoriste.

Difañé Emit	Féhâm a Rôg
Dudamalé hurim ol	I nana ñuhur um.

Présent.

Indé mé dunën	Mê gimâ
Av'mu duduk	Vo hê giâ.

Passé absolu.

Dagenéné kahofor Emit	A fañda bakâd
Kuvañéné kallak	A ngôhda o kol.

Passé relatif.

Dugenéné magoti kata	Ritohêgâ a pi a ponu of
Akila dilobuméné	Nûn mbâhtântèkân.

Futur.

Fan akèt hunak haké	Han hon bès
Fan kulo	Han a yénoyo.

Futur conditionnel.

Fan ikeblên ol	A hèfkêgâ um
Fan unoménal yo	I ndikêgân.

SUBJECTIF.

Aoriste.

C'est moi qui possède ce cheval	Mâ môm fas vilé
C'est nous qui avons mangé les poissons.	Nô lèka dèn ya.

Présent.

C'est toi qui désires le bien	Yâ di bega lu bâh
C'est vous qui nous sauvez.	Yèn a nô musal.

Passé absolu.

C'est lui qui nous avait haï	Mô nu bañ ôn
Ce sont eux qui l'avaient prohibé.	Ñô ko téré vòn.

Passé relatif.

C'est moi qui possédais le cheval	Mâ dòn môm fas va
C'est nous qui parlions.	No dòn vah.

Futur.

C'est toi qui habiteras avec Pierre	Yâ di dekè Pêr
C'est vous qui causerez	Yèn a di vahtâni.

Subjectif.

Aoriste.

Indé kilé éfilind ay uyu	Mi ḍégu pis néné
Olal uléñalé sivol asu	In o ñámu lib kâ.

Présent.

Av dufañé maḍaké	Vo nâ pugâ pâh
Bukurul ḍifakèn oli'mu	Nûn nâ muḷlâ in.

Passé absolu.

Akila agenèn olal mu	Tèn fañdu in
Buko kugenèn yo'mu	Dèn o mbañitdun.

Passé relatif

Indé éntéué ikil éfinlind ay	Mi ḍégdu pis né
Olal unahmu ulobal	In o layêgu.

Futur.

Av fan ukil bukurul Pèr	Vo nâ génkâ fo Pèr
Bukurul ḍomu dinah ḍisumèn	Nu mbahtánkêga.

Futur conditionnel.

C'est lui qui comprendrait le volof	Mô déga kon volof
ce sont eux qui iraient en France.	Ñô kon dèm Tugal.

Objectif.

Aoriste.

C'est avec vous que j'ai à faire	Yov lâ digâlèl
c'est vous que j'ai nommés.	Yën lâ tuda.

Présent.

C'est Dieu que tu sers	Yalla nga di topa
ce sont les étoiles que vous considerez	Bidëv yi ngën di sêt

Passé absolu.

C'est Pierre qu'il avait appelé	Pêr la tud' ôn
c'est du poison qu'ils avaient avalé.	Hompay la ñu von' ôn.

Passé relatif.

C'est en lui que j'espérais	Ṭi môm lâ dôn yâkar
c'est de miel que nous nous nourissions.	Lèm la ñu dôn dundé.

Futur conditionnel.

Diola	Sérèr
Akila añtén'mu aḍam ku volof	Tèn nankègu pâfâl
Buko kontèn'mu kuḍov France	Dèn ndètkègu Tugal.

OBJECTIF.

Aoriste.

Diola	Sérèr
D'av di baḍé vah	Vo rêrtum
Bukurul di hoñé	Nûn o né um.

Présent.

Diola	Sérèr
D'Emit du nabé Sidaġeġénora asu di ḍuké di sô	Rôg o rêfâ A kôr aké nu dêtâ.

Passé absolu.

Diola	Sérèr
Pèr dahoñéné	Pèr a nédé
Busil kuméréné	Ngût a dûdu.

Passé relatif.

Diola	Sérèr
D'akila dikaġumé	No tèn yâkarégum
Mukum di nahmu utéñal	Sûm i ñôvtêgu.

Futur.

C'est de lui que tu feras un ami	Môm nga di haritoḍi
c'est un lion que vous tuerez.	Gayndé ngën di rèyi.

Futur conditionnel.

C'est là qu'il irait demeurer	Fofa la kon deki
c'est un tigre qu'ils prendraient.	Ténèv la ñu kon ḍapi.

CAUSATIF.

Aoriste.

C'est que je vous révère	Da ma la èrsa
c'est que nous l'avons châtié.	Da nu ko dân.

Présent.

C'est que je vous aime	Da ma la di sopa
c'est que nous le regardons.	Da nu ko di sêt.

Passé absolu.

C'est que tu l'avais craint	Da nga ko ragal on
c'est que vous l'aviez fait.	Da ngën ko dèf on.

Futur.

| Akila d'omu dibil di fal'om | Tèn o haritôhkâ |
| Egung domu dibil di- muk | Ndogoy nu mbarkâ. |

Futur conditionnel.

| Bo d'antèmmu akin | Mâga té génkâ |
| Esam av konténé kuḍok | O dahal dé ndamkâ. |

CAUSATIF.

Aoriste.

| Av disué | Kâ'n ḍégt ong kèrsa |
| Olal utékénal ol mu | Kâ i ngav in. |

Présent.

| Mata av difañmu | Kâ n n'fèh ong |
| Mata du nanah uḍukal ol | Kâ i dêtan. |

Passé absolu.

| Mata dikolièn ol | Kâ o sadarû'n |
| Mata ḍikanènkan | Kâ i mbiû'n. |

13

Passé relatif.

Français	Volof
C'est que tu me respectais	Da nga ma dòn rus 
c'est que vous nous attendiez.	Da ngën nu dòn nég.

Futur.

Français	Volof
C'est qu'il sera en voyage	Dèfa luk idi
c'est qu'ils viendront.	Dé nô dikasi.

Futur conditionnel

Français	Volof
C'est qu'il serait fatigué	Dèfa lofa kon
c'est qu'ils tomberaient.	Dé ñu dânu kon.

IMPÉRATIF.

Français	Volof
Aime Dieu	Sopal Yalla
Honorez les vieillards.	Téral lën magèt yi.

Passé relatif.

Mata du nahéné usu om	Kàn o sédégà'n
Mata dinahéné dikob oli	Kà nu tungégu in.

Futur.

Mata fan abil adov bò	Kân a inôhkâ
Mata fan kubil	Kâna ngarkâ.

Futur conditionnel

Mata fan abil ayok	Kân a hérkâ
Mata fan kubil kulo	Kân a yènkâ.

IMPÉRATIF.

Ufañ Emit.	Fèhi Ròg
Ditokor kuhan aku ku-belèn.	Tédilyo mâk vé.

PHRASES ÉLÉMENTAIRES.

Pour saluer et demander des nouvelles de quelqu'un.	Ṭi neyô ak ḍamanté.
Bonjour, Monsieur.	Kêvu, dara kêvu. *pl.* kêvu yën, dara lën kêvu.
Comment avez vous passé la nuit ?	Mbâr ḍama nga fanâné? *pl.* mbâr ḍama ngën fanâné ?
Comment vous portez vous ce matin ?	Naka nga ṭi lelek si ? *pl.* naka ngën ṭi lelek si?
Fort bien, Dieu merci.	Ḍama dâl, Yällâ ḍeré-def !
Comment se porte monsieur votre père ?	Sa bây ḍama dâl la am
Il se portait bien hier au soir ?	Ḍama lâ ko bayê bîg.
Où est-il ?	Ana mò ?
Il est sorti.	Dèfa géna.
Comment se porte madame votre mère ?	Sa ndèy ḍama rèka la am ?
Elle ne se porte pas bien, et est alitée depuis hier matin.	Yaram am nêhul, té mungi ṭeda dëmba ṭa lelek bê têy.

PHRASES ÉLÉMENTAIRES.

Di kasaf aku.	Sim fo lâmit dam no kin.
Safi	Valid, valid o, *pl.* mbaldo, mbaldôkoyo.
Bu dono d'éhukavé kasumay du golé.	Mbâr fédé dam ? *pl.* Mbâr nu mbédé dam ?
Bu dono di budum abé?	Nâ flo mbéfèt né ? *pl.* Nâ nu mbiu mbéfèt né ?
Kasumay.	Dam sôm, Rôg a fia tèn dam ?
Atuba i kasumay haré d'am ?	Fâp of dam sôm a dégu?
Kasumay di kat ol hukinum.	Dam vastâ'n-um fâk o yâr.
Akilam'ay?	Tâ tèn ?
Dafuré	A sutôha.
Dav i kasumay d'am.	Yâ of dam sôm a dégu ?
Enil 'ol ésumut, ban akil omu nabinté bukèn di budum bô miñé.	Tér um mbélèr, to fâk bô ndîk kâ voudôh.

Français	Volof
Offrez ma salutation à madame votre mère.	Neyul ma sa ndéy hé mu baré.
Elle l'entendra.	Di na ko déga.
Vous partez déjà ?	Da ngá dëm dég.
J'ai des affaires pressantes.	Da ma dapa ligéy.
Je n'étais venu que pour voir comment vous vous portiez.	Da ma ñev vòn sélsi ré-ka naka nga déf.
Je vous remercie de votre visite.	Derédef li sa neyo.
Dites bien des choses de ma part chez vous	Neyul ma sën vâ-ker.
Je vous souhaite un bon jour.	Endu lën dama.
Je vous souhaite une bonne nuit.	Fanân lën ak dama.
Bonjour.	Kéndu. *pl.* kéndu yën.
Bonsoir.	Gonal. *pl.* gonal lën.

LE TEMPS.

Asaman si.

Français	Volof
Quel temps fait-il ?	Naka la asaman mél ?
Il fait un très beau temps.	Asaman si raíet na lôl.
Je crois que nous aurons une journée sans pareille.	Défé na né di na nu am betek bu amul morom
Il commence à faire bien chaud.	Nad vâ'ngé tangasi di
Je pense qu'il pleuvra dans l'après dîner.	Fóg nà né di na tav li génav betek.

Usaf om day i ger.

Simmani am yay of bô té may.

Fan adam
Bo nuḍoy miñé
Didoḍok burok ban di-hurikéné
Dibibil bot kaḍuki bô dukané

Han a nan in. (ndak.
Kàn o rélâ nu ndak fa
Kà'n réf fo talél.

Dara bisidér âm ndah and né fiona.

Du kané don di baġalo abya
Usaf om kukinor i

Dôkanḍal na lémb of.

Yongnan'âm mbind nâ.

Dilako kasumay

Yongio fa dam.

Digot kasumay

Mbéio fa dam.

Safi
Safi

(yong.
Doka yong. (*pl.*) ndoko
Hirop. (*pl.*) Ngirôpo.

___

Emit ay.

Asaman fané.

Bo émitay ékané
Emit ay énugé sièt ḍak

Nâ asamân fané navdu?
Asamân fané haṭ a fiu.

Nokoré nòn fan ubaḍal hunak haḍaké.

Han i ḍég, fôgum, ñâl ndégé ngénd.

Essenḍel ay uyu déya-vul
Dénsèn manté émit ay fan élub tunak atu to-baġéhlé

Nḍèḍ né'hé sumîdâ.

Kà'n fôg é ndah han a déb yâ nḍèḍ né gir-dôlna.

Français	Volof
Ne voyez vous pas là-bas ces gros nuages.	Gisu la nîr yu réy yalé ?
Mais le temps pourrait s'embellir.	Vandé asaman si men nâ sèt ati.
Je ne le crois pas, la chaleur est étouffante.	Gemu ma ko, tangay bi méti na lôl.
Il n'y a pas de vent.	Ngélav amul.
Le ciel se couvre.	Asaman sâ 'ngè bin.
J'entends le tonnere.	Mangè déga denu bi.
Il fait beaucoup d'éclairs.	Mungè mélah lôl.
Nous aurons de l'orage.	Di na ngéláné bu méti.
Il tombe des gouttes de pluie.	Mungè vis.
Il pleut maintenant bien fort.	Tav bá' ngè rututuli nak
Le froid devient piquant.	Liv bâ' ngè dạmé.
Le temps s'éclaircit.	Asaman sâ' ngè sèt.
Le soleil reparait.	Nad vâ' ngèti.
Il ne ferait pas bon sortir maitenant.	Géna nèhul lègi.
Le temps est à la pluie.	Dèfa navétal.
Il fait de la rosée.	Dèfa layi.
La brume est intense.	Til bi méti na.
Il fait bien chaud.	Tanga na lôl.
Cette journée est très agréable.	Betek bi nèh na lôl.
Il fait froid.	Sèda na , liv na.
Aujourd'hui il fait sec.	Bès i tèy bè 'ka vov.
Il fait beaucoup de vent	Ngélav li baré na.
La nuit est bien sombre.	Gudi gi tim na.
Il fait clair de lune.	Vèr vi lèr na.

Diola	Sérèr
Udukut uthul av vamek av uva	Giro a èl a tan akána ?
Baré émit ay débélanèn éung	Ndà asamân fané vàga hurdòh.
Inénut mata ésuf ay éhahah	Giuï'n-um fé, a suman alé doma bô lèng andé
Ehéfa élét	A bay a lèng dégè.
Emit ay éñakurolo	A èl aké' ké dévà.
Indé mu didam kakilîlèn kala yo	Mè nanà dûd lé.
Uyu névidému ger.	Ohé hiñà a domu.
Fan ékan éhéfa yemek	Hani té und a domu.
Uyu nésosobénému	Ohé muymuynà.
Nané émit av uyu di kalub kamek	A tèb alé yéna koy.
Nitont añu ñiyavulo	A bûba bô té dom.
Emit av évungéné	'Asamân fané' hé burdâ.
Tinak atu tiyévulo.	Ndéd né fèñahina.
Sumut éfur miñé	A sûtah fèlké ndiki.
Emit av éhimulo	Kà té rigin hani.
Emit av ékankan émon	A lima.
Emit av ékankan kabimb	A kuy alé doma hani.
Susuf ger	A suma lòl.
Siét sunsum dakut	Ñàl né hani mosa bô. (dogoñ.
Diobi-dobi	A bûba bûb, a dogoñà-
Siét vuvung dakut	Ñàl né hani véra fé.
Ehéfa émengé	A kéñ alé sò may.
Ehuk ayé élime	O yéng olé nibâ.
Hulèñ ahu huhiténé	A kòr alé hat a ñu.

Français	Volof
Voici une belle nuit, vraiment.	Gudi gu rafêt angi môs
Pensez vous qu'il en sera ainsi toute la nuit.	Défé nga né di na mél nômu gudi gi gép?
J'en suis sûr.	Or na ma.

Boire et manger. — ### Lékâ'k nân.

Français	Volof
Avez vous faim?..	Hîf ngâ 'm?
Non, je n'ai pas faim.	Dët, hîfu 'ma.
J'ai bien faim.	Hîf nâ lôl.
Eh bien, prenons quelque chose.	Na nu ñam mbôk lef.
Oui.	Vav.
Que voulez-vous manger?	Lan nga bega lèka?
Que désirez-vous davantage?	Lo gen a bega?
N'importe quoi?	Lu ma dot-a-dot.
Vous ne mangez pas.	Dô lèka?
Je vous demande pardon, je mange très-b.	Ahakañ, mangê lèka bu bâh.
La soif me presse plus que la faim.	Nân lâ gen a sohla asté lèka.
Voici un verre de vin.	Tanh'i bîñ angi.
Vous ne buvez pas?	Dô nân?
N'avez-vous pas soif?	Maru lâ 'm?
J'ai soif.	Mar nâ.
Je meurs de soif.	Mangê dë ak mar.
Donnez-moi de l'eau s'il vous plait.	May ma ndoh, lêl.
Prenez un verre de vin.	Delal tanh'i bîñ.

Ehuka édaké uyé keng

Duinéné ôn maté fan
  alako muña éhuk ay fé
Dunéné

Kahob - Katéñ.

Va butar boki i?
Sé, butar bokut om
Butar bok om ger
Kama, udakénat vah

Ahé
Va dufañé hutéñ?

Va duhang mafañ hutéñ

Vahan dibadè digar.
Lét utéñ.
Ahé, indému ditéñ don.

Mahindo dihang La añ
  hutéñ.
Eféng yéta biñ uyé.
Lét uhindo.
Mahindo mokut i?
Mahindo mokom.
Indému dikét mahindo.
Usén om mehindo u-
  bonkét.
Ungar éféng yéta biñ.

O yéng o mosu ' lèy mòs

Giuà é han té réfil nen
  o yéng olé fop?
A hòla' ham mòs.

A NÂM FO YER.

Héhé ndi?
Bara, béhandèm.
Héhèm bò.
Fat i ûm mbòg fik tu-
  tûñ.
Fat a réi na.
Ha bago ñàm.

Ha mod ong o fèl?

Kanu té réfna rèf.
Ñàmiro?
Tò méhé tòk um fé.

A kodom moda'ham o
  dam è ngeh.
A kaí biñ ohéy.
Yérkiro?
Hodomandé?
Hodomém.
Mé' ho'à fo' kodom.
Kò udèg fià'm fòfi.
Yeri kaf biñ.

Français	Volof
Non, je vous remercie, je préfère un verre d'eau.	Dël, déra def, tanh' i ndoh a ma genal.
Avez-vous du lait ?	Am nga sóv, mèv ?
Aimez-vous le thé ?	Bega nga duté ?
C'est un verre de vin de palme ou de rondier que je voudrais boire.	Tanh'i senga mbá roflà bega nân.
Prenez un verre de bière.	Delal tanh'i bèr.
Voici un verre d'eau-de-vie.	Tanh' i sangará ' ngi.
Aimez-vous cette boisson ?	Sopa nga nân gilê'm ?

Pour questionner et répondre	**Ṭi lâḍtê'k tontu.**

Français	Volof
Venez, que je vous parle.	Ñeval, ma vah la.
Est-ce que vous m'appelez ?	Ndah da ngamâ ó ?
Oui, je veux vous dire quelque chose.	Vâv, da ma la bega vah lef.
Est-ce que vous voulez causer avec moi ?	Ndah da nga bega vah-tân ak man ?
Écoutez - moi, c'est à vous que je m'adresse.	Déglu ma, ndè yov lá di vah.
M'entendez-vous ?	Déga nga mâ'm ?
Que dites-vous ?	Lô di vah ?
Je vous ai appelé cinq ou six fois.	O nâ la durom bè durom-hèn'i yôn.

Diola	Sérèr
Sé éfèng yéta mahindo éhang kasum om.	Bara, dôkandal, a kaf fôfi modan'aham.
Du badé milh amu ?	Damâ fo sòv ?
Dufañé duté.	Bugâ mbalhat ?
Efèng yéta bunuk éhang kasum om.	A kaf fo sing bugum o yèr.
Ungar éfèng yéta bièr	Yéri kaf bêr.
Efèng yéta sangara uyé.	A kaf sangara' hèy.
Du fañé litor ayé.	Fêha yér alèn ondi ?

Kaġélèn di kaléñ	**A LÂMIT FA TÔN.**

Diola	Sérèr
Ubil ilobi.	Matidi, m'lay ong.
Manté du hoñohoñ.	Kân o hòy âm ondi ?
Ahé difaufañ kalobi vah	I, kà'n bug ong o lay tig.
Manté dufanfañ sisumèn d'indé.	Bugâ bug o vahtân fo mi ?
Udantèn om mata av dilobému d'av.	Nangilu'âm, lâm vo n' néa
Du damé d'indé	Nana' ham-o ndi ?
Va du lobé	Ha layâ.
Di hoñ i hulok bo hulok di yanor	Hòyâ'hong a taf a bétak bó bèlâ fo lèng.

Français	Volof
Êtes-vous sourd ?	Da nga teh ?
Non, je ne suis pas sourd.	Dédêl, tehu ma.
Alors vous m'avez entendu.	Dég'ôn nga ma mbôk.
Qu'avez-vous dit ?	Lan nga vah ?
Je n'ai rien dit.	Dara lâ vahul.
Ce n'est pas à vous que je parlais.	Du yov lâ dôn vah.
C'est à moi que vous vous adressiez car je vous ai entendu.	Man nga dôn vah, ndégé déga nâ la.
Qu'est-ce qui vous empêchait de me répondre alors ?	Lu la téré von a tontu mbôk ?
Vous devez répondre quand on vous parle.	Var ngâ tontu su ñu lâ adu.
Comprenez-vous.	Déga nga ?
M'entendez-vous maintenant ?	Déga nga ma nak ?
Mais il refuse de m'écouter.	Bañ na mâ déglu.
Pourquoi ne répondez vous pas ?	Lu la téré tontu ?
Je ne faisais pas attention à la conversation.	Du vahtân vi lâ don topato.
Je vous entends bien maintenant.	Mangi la sog a déga nak
Puisque vous êtes si attentif, vous me répéterez ce que je vais vous dire.	Ndèm yângi mâ déglu, di nga ma vahât li ma lâ vahi.
Dites donc..	Vahal mbôk.
Pouvez-vous répéter ce que je viens de dire ?	Ndah men ngâ vahati li ma vah lëgi ?

Diola	Sérèr
Du lekoleko	Kân o ram ondi?
Sé, ilekout	Bara, ramim.
Dudaméné d'indé fof	Nanda' ham-o mbôg
Va dulobé?	Ha layo
Hobut vah o vah	Tus layôrum.
Lèt av dilobêné.	Néégir ông.
Indé dulobêné mata didamé d'av.	Mi néégo, lâm nanâ hông.
Vadé ulañénut om hurim	Ha fañit ong o dâb mbôg?
Dontémé ulañèn hurim av bahoñé-i	Hèlâ dâb yâ o layté.
Du damé?	Nanâ ndi?
Du damé d'Indé nané?	Nana' ham-o koy?
Dagené kadantèn d'indé	Nda nangilôhér âm.
Va ugènumu ulañèn hurim	Ha fañit ong o dâb.
Ikanénut huk'om dî sibat asu.	Kâ nangiluégim vahtân fâné.
Indému didam d'av nâné	Mê soga'ng o nan ndiki
Lako dôn dudantêné di vahan dilob'imu dulañèn om vahan d'ému ilobi.	Ohu aangâ tên nof of, sv o layaatin âm kè'n laykang.
Ulob.	Layi mbôg.
Mauté duylo kalañèn vahan dulobimu miñé.	Vagâ layatin ké lay-ong-a ndîk?

Français	Volof
C'est très aisé.	Yomba na lòl.
C'est aisé pour vous mais non pour moi.	Yomba na là, vandé vombu ma.
Vous devez parler distinctement.	Dèl, vah bèna-bèn.
Ne parlez pas si vite.	Bul di vah bu gâv.
Parlez plus lentement je vous en prie.	Vahal bèna-bèna, lêl!
Ayez la bonté de répéter.	Vahât ko, lêl.
Comprenez-vous l'Anglais ?	Déga nga Angalé ?
Je comprends tous les mots, soit anglais soit français.	Déga nâ bât yi yépa mu di angalé, mu di faransé.
Mais je ne parle ces langues que très peu.	Vandé lu nëv là ti men a vah.
Je crois que vous les parlerez très bien.	Défé nâ né di nga lèn lâki bu bâh.
Qu'est-ce que cela ?	Li lan la ?
Comment s'appelle ceci	Naka la lilé tuda ?
On l'appelle...	. . . . la tuda.
C'est ce qu'on nomme...	Lôlu la ñô tudé......
Qui vous l'a dit ?	Ku la ko vah.
C'est que je le sais.	Da ma ko ham.
Parlez.	Vahal.
Taisez-vous.	Nopil.
Ne parlez pas si haut.	Bul di sóv nônu.
Parlez plus haut.	Vahal bu gen a kové.

Diola	Sérer
Hiré.	Kén sò yóh.
Hiré d'av baré hirut d--indé.	A yoba a vo, ndá rété na mi.
Nahulob hurim hanor, di hano. ña.	Nà layà délém a kólu.
Dakum nahulob bir mi-U'saho u'ulob.	Ba ñofandohaf nèn.
	Ndég layi léng a lèng.
Umit ulañén ulob.	Laya'tèn ndég.
Du ḍamé Angalé.?	Nanà Angalé ?
Di ḍamé kurim aku fé kala Angalé di kala Faransé.	A ñuhur aké fop, té rèf na Angalé, té rèf na Paransé, nanâm a dèn
Baré datit d'iylo élob to.	Ndâ lutuñ vàgum tèn o lay.
Baré d'ensén fan budam vo don.	Fògâm é han o lay a pah.
Didu va.?	Ha rèfu ké ?
Vah av uvé kaḍav vo bû	Nà kéné néé?
Kaḍav vo min muman.	A néé....
Miña kulobé vo.	Kàn a néé....
Ay alob i'mû.	An lay ong o tèn?
Indé hasé.	Kà'nand in.
Ulob.	Layi.
Ufalo.	Tîmi.
Dakum diligen hafia.	Ba sòvtat nèn.
Ulob hafia.	Yodi ñuhur of.

LE SOIR	Ngomal li.
Il commence à se faire tard.	Mungé gudisi.
Point du tout, dix heures à peine sonnent.	Dëdët, fuka rèkâ tega.
Nous ne nous couchons jamais avant... heures	Du nu teda muka bala . . . . i vahtu.
Nôtre hôte n'est pas encore rentré.	Sunu gan ba délusé ngùl.
Je ne crois pas qu'il tarde.	Gemu ma né di na yâgati.
C'est à cette heure qu'il rentre.	Vahtu vilé la dân ñev.
On frappe à la porte.	Nungê dör ța bunta ba.
Ce sera lui.	Môm lâ nèki.
C'est juste lui.	Môm sahsah la.
Ne vous ai-je pas fait attendre?	Harlovu ma lën mbâ ?
Point du tout.	Dëdët.
Comment avez-vous trouvé votre promenade de ce soir?	Naka sa dohantu bi ți ngôn ?
Il fait une soirée charmante.	Ngonal gu rafèt la.
Il fait bon voyager de nuit.	Riñan nêh na ți luki.
Aussi ai-je rencontré des voyageurs qui se proposent de continuer leur route jusqu'au matin.	Lôlô lah tasé nâ i nit ñu bega rañan gudi gi gépa.
Ils auraient mieux fait de partir au chant du coq.	Sab-ganarô gen kon ți ñôm.

Etim ay	Yarakor na.
Untu di tidomul.	Ohé yéngîdá koy.
Sé, kugèn baré baré évé lé.	Bara, harbahay rèk ha-vu.
Lèt uhintal tuf minta.....	I nangè mbondohâ a rèfangé yâ tolôli... a ngauna.
Adara ololi alañu lorut.	O kénar in dakôhidêful
Iuénut én fan aflovul.	Fogam ê ndîk'té dakô-hîd.
Tima miñé danahéné abil. (bîrl aku.	Na fané vâhtu lé garégu (kand né.
Didamé nahutèk di kam-	O kîn ohé sabinoha ndo-
Manté fantèn bami akila.	Tèn a rèfkâ niôs.
Akila humum ol.	Tèn o mat ô.
Ey ! dihasé én disond ul ger ?	Tugnôrim a nûn mbâr?
Sé.	Bara muk, haâ môs.
Bu kañahor aku yia bu-kukané d'étimay?	Nam a ñâdlah of alé yârakôr né fiu?
Etim ay yasumé.	Yârakôr né fié tig ndah a fèl lôl.
Edov kadaor katim asum sum dakut.	A puni fèla na inah
Yoyu édimu di fimbor di bukan kamengé ka-fañé kadaor di huk ahu fé.	Tèn tahu it hètâm fo vîn, vâ mbugna ñâd bô yâ Rôg a fètkâ.
Va hang'mu kadak di buko kudoën di uhlo-ka uliar av.	Inoh na tèk a lémbu modkégu na dèn.

Français	Volof
Oui, mais ils seraient arrivés un peu tard demain.	Vàv, vandé kou nu nâdé aga clek.

Aller et venir.

Dèm ak délusi.

Français	Volof
Où allez-vous ?	Fô dem ? fô di dèm ?
Je viens vous faire mes adieux.	Da ma lâ lagusi.
Je vais quitter cette ville.	Mangê géna deka bi.
Allez-vous loin ?	Da ngâ luki fu sorèy ?
Je vais à Saint-Louis.	Da mâ dèm Ndar.
Je vais à la maison.	Da mâ dêm sunu ker.
Quand reviendrez-vous	Kañ ngâ délusi ?
Quand serez-vous de retour ?	Kañ ngâ ñibisi ?
Je ne saurais vous le dire exactement.	Dapu ma ta lu ör.
En ce cas je vous accompagne.	Mangê andasê ' k yov mbôk.
Volontiers, je le veux bien.	Ndok, mô ma genal.
Voyagerons-nous par terre ou par mer ?	Dè nô rungê'm, dè nô dugi gâl ?
Si nous n'avons pas de bateau, nous irons par terre.	Su nu amulé gâl, nu runga.
Irons-nous à cheval ou à pied ?	Dè nô varê'm, dè no dohi ?
Sans aucun doute, nous irons à cheval, car le chemin est très long.	Dè nô vari kañ, ndè yôn vi sorèy na lôl.

Ahé, baré donténalé ka-
fio karing kaḍom.

———

———

Bay duḍëbot.
Dibibil ilobi éni indé
    mé didov'.
Indé mé ḍi fur d'ésuk
    uyé.
Va bon nḍav ban loré.
Bot n'idov Ndar. (loré.
Bot n'idov di hank oli.
Nay d'olé ulañul.
Nay d'olé olul.

Hati to kalob vah-o-vah.

Lako don miña d'inab
    d'av.
Yo-yoyé hang m'asum'
    om.
Bû fan idovma di bota
    maulé du ḍovma di
    busana.
Ubaḍut àmu busana du
    ḍovmal di bota.
Va bo nugital di sifilind
    baré di vot.
Ebaḍut buténgo bo nu-
    gital sifilind mata bu-
    tin abu bu loy loy.

Io, nḍâ vàga dé ñâlel
    o mbad o fét.

———

A tèt fa takuid.

———

Mà do'o? Ta fàmo?
Kà' nasóhid ong.

Mé sutoha sàté fauéné

Inóha o mbiñ o ngo-
Kà' nrétâ Ndar.   (du?
Kà' nrétâ n'mbind és.
Mbàn o dakuidkà?
Mban o gatidkà?

Vagir òng o lay tèn
    kòlu.
Mé yònidâ fo vo mbòg

Ndok, tèn moḍan' aham'

Kà i téfésóhkà ndâh na
    kâl i ndokkâ?
I nḍégangêr a kâl, i té-
    fésòh.

Kà i ñâdkâ ndah kâ
    i gàykà?
Kà i gàykà mòs, lam
    a dal alé godòda.

Français	Volof
Où allez-vous ainsi ?	Fan nga dem nilé ?
J'allais chez vous.	Sèn ker lâ dem ôn.
Vous alliez donc me voir ?	Man nga séti von mbók?
Justement, mais vous, où alliez-vous ?	Vâv-vâv, vandé yov, fan nga don dèm ?
J'allais me promener.	Da ma dôn dohâni.
Voulez-vous venir avec moi ?	Ndah bega nga andá' k man?
Volontiers, une petite promenade hors de la ville nous fera du bien.	Vâv-vâv, dohâni tûti ti génav deka bi di na bâh ti nun.
Allons maintenant entendre la messe.	Na nu dèm nak dangi Mès.
Prenons votre frère en passant.	Na nu dèlalé sa raka mu andâ'k nun.
Comme cela vous plaira.	Naka mu la nêhé.
A la sortie de la messe, nous dirons le bonjour à votre aïeul.	Su nu vatë mès nu neyudi sa mâm.
Je vais maintenant à l'école.	Mangé dém nak lécol, dangi.
C'est de chez votre oncle que je viens.	Sa ker' niday lá bayako.

Pour acheter
différents objets.

Ti dendé.

Français	Volof
Je veux acheter quelque chose.	Da ma bega dènda yef.
Que vous faut-il, monsieur ?	Lô sohla, suma vây ?

Diola	Sérer
Bay du débol miñé?	Mà dofo nèn?
Bolul di déné bol.	Mbind nùn dofdum.
Indé dubiléné bol kadu-ki?	Mi délido mbòg?
Yo, ay fof bay du déné bol?	Io, vo o mat ta famé-go?
Kañabor didéné.	Kà 'ñàdlòhkègu.
Manté dufañé kanabor d'indé?	Bugiro yòn fo mi?
Ahé, uñabora datit busol siluf asu fan dak d'indé.	Nèn o mat ô, a ñodlah tind saté fané han a fàh na in.
Udal nané kadanga di Mës ay.	Fat i ndét ndiki koy ndangik mes.
Udal ugara ali i nanabor d'olal.	Fat i bis o ndèb of té yón fo in.
Dòn basumé i.	Nà té féltonga rèk.
D'omu uvalal Mës ay d'udal kasaf atuba i ahan	Mês fané faganga i lèmbtik o tàn of.
Indèmu di dov lécol kalliken.	Mè rètà koy no ndangand ongà dangik.
Di hank hala mamav i difumulo miñé.	Mbind no tokòr of hatum.

Bôt kanom vañ.

NDIGAN.

Diola	Sérer
Difanfañ hunom vah.	Ka'nmbug o dik ndik-o-rik.
Va du fañé afal om?	O kôr ès, ha bugô?

Français	Volof
Je vous écoute.	Mangi lâ déglu.
C'est du coton retors écru qu'il me faut.	Garay gu vêh lâ sohla.
C'est de la guinée bleue qu'il me faut.	Ndimo lâ sohla.
Montrez-moi votre guinée la plus belle.	Von ma sa ndimo mi gen a rafèt.
Est-ce là le plus joli que vous ayez ?	Bilé nga gen a rafèt-lèm ?
J'en ai encore de plus beau.	Am nâ bu ko gen a rafèt ati.
Que voulez - vous en faire ?	Lò ko sohlâ ?
C'est pour en faire un habit d'enfant.	Da ma ji buga mbab'i halèl.
N'avez-vous pas un tissu spécial pour cet usage ?	Amu la tôf am am ?
Voyez ceci.	Sêtal vilé.
Si c'est pour un pantalon, celui-ci est meilleur.	Sô ji sohlâ tubéy, bilé' li gen.
Celui-là n'a pas de pareil.	Balé amul morom.
Combien le vendez-vous le mètre ?	Lô di dáyé mètar am ?
Le mètre combien coûte-t-il ?	Mètar bi ñâta la dar ?
Ceci revient à un franc.	Bilé, pisterin lâ dar.
Cela un franc cinquante	Balé, ñèt'i dùsu.
Cet autre deux francs cinquante.	Bilé, gèna vala.
Mais celui-ci est plus cher, il coûte 5 francs	Vandé bilé' gen a dafé, derem lâ dar.

Diola	Sérèr
Indéma di dantéa i.	Ndà vo n'nangilôhà.
Hurey babité difañé.	Garé fa ndan bugum.
Eméaté difañé	O ndimo bugum.
Uas'om ément ay yia é-hangmu kadak.	Lalà'm ané modaa mos no ndimo o.
Yayé ébangi kadak.	Fanéné modo mosid ondi ?
Dibadé yaké yéhangé ka-dak.	Dégàm fanà modùaa mos ahia.
Ya dude bot d'yo ?	Ha sohlat-an-o ? har fiit ka'n ?
Di fañfañ to kadu'o añil.	O ndoki no ndébandòng bugum ten.
Ubadut kahul yo ?	Ndah degiro pis um ?
Uduk yayé.	Déti léné.
Gañ lo mu élubé uyé éhang madak.	A réfanga o mbap bugo tén, oléné modu.
Uva ébadut afal.	Olana dégé ké id o mat.
Bu danomé métar y ata yo ?	Métar fané ponum a darâ ?
Métar ay hunom bu ?	Ponum réfu ndigan nà métar ?
Uyé épistirin énoméy.	Oléné o pistrin a darâ
Uya épistirin di dusu énoméy umu.	Olanà dara séléñ a la-dak.
Uyu sipistirin siluba di dusu.	Oléné a sék a léng.
Uyé éhangmu katéñi hu-nom derèm kunomé yo	Ndà oléné modu dom ndigando derèm darà

Français	Volof
Avez-vous du savon ?	Ndah am nga sâbu ?
J'en ai de différentes sortes.	Vâv, am nâ yu nèka.
J'en ai besoin, mais je n'ai pas d'argent.	Sohla nâ ļi, vandé amu ma hâlis.
Qu'avez-vous donc ?	Lan nga amé mbok ?
Des poules.	I génar.
Montrez les moi.	Von ma lèn.
Chacune d'elle vaut cinquante centimes.	Bu néka ḍar na dusu.
Voulez-vous du savon pour toutes ?	Sâbu nga bega ļi yè-pa'm ?
Vous me rappellez que j'ai besoin de..	Yângi mâ fatali sah né sohla nâ...
A propos, avez-vous récolté les arachides ?	Vày ! gas ngèn gérté gi ?
J'en prendrai pour des marchandises.	Di nâ ko ḍendé lu la fi nèh.
Eh bien ! après demain je vous enverrai cinquante sacs.	Vây, génav elek di nâ la yoné durom-fuk' i saku.

Chez un cordonnier.

Défarkat i dala.

Français	Volof
Voudriez-vous prendre ma mesure pour me faire des souliers?	Da ma bega nga natal ma i dala.
J'ai des souliers déjà faits.	Am nâ dala yu suti.
Voulez vous essayer cette paire.	Bega ngâ nata yilê'm ?
Ils sont trop étroits du cou-de-pied.	Dè nu hat ļi kov tanka bi.

Va, dubaḍé ésabu ? | Ndâh ḍégâ sâfu ?
Ahé dibaḍó san ó san. | Ḍégam a kos a mayu.

Difañé di so, baré iba- dut halis. | Bugdàm tèn mós nda ḍégîm hális.
Vâ dubaḍé nané ? | Ha siko mbòk ?
Simanḍuk. | A tèk.
Uîs'om sô. | Lal'âm a dèn
Yau o yan hunom yo du- su. | Nu gaona tèn a ḍara o séléñ.
Esabu du fañé burong fé. | Ndah sâfu bugô na dèn dèn fop ?
Ey! av'mu dubahlèn'om on difañé. | Vohé vêtanda' ham é sohlaàm. . .
Bu, ḍivoké égerlay ?. | Mê, ndah nu uta a arèn ?

Fan inom to di marsan- dis. | Ha'nḍikt in mên ká fèl- ôm-a.
Uḍuk, kaḍôm fan iboñ ul kubili di kusaku kono kuy kuluba di kuġèn. | O, fét koy, h'anlûltiḍ ong a sâku karbahayn bé- tik.

Akana sidala. | **O ñóño a muké.**

Difañfañ nulík om bués bata sidala | Ká'nbug o lîb âm a mu- ké.

Di baḍé sidala sabavé. | Ḍégâm a sotu.

Du fañé kaliko sasé. | Bugâ lîb akéné ndi ?

Sililit halia vol av. | A mbikayo tók o ḍaf olé.

Français	Volof
N'avez-vous pas des bottines à élastique ?	Amu la i botin i lastîk ?
Ils sont trop larges.	Yâ nañu.
Voyons une autre paire.	Doh ma yénén.
Je ne puis marcher avec ces souliers.	Menu mâ dohè dala yilé.
Ils me font mal.	Da ñu mâ gañ.
Ils s'élargiront par l'usage.	Di nañu yakaliku , só lèn solé.
Ces souliers n'ont pas été faits pour moi.	Du man la ñu défaral on dala yilé.
Avez vous des souliers en maroquin ?	Am nga i mukê'm ?

Pour s'informer d'une personne.

Lâḍté nit.

Français	Volof
Connaisez vous ici... ?	Ham nga fi T*** ?
Une personne du nom de** ne demeure-t-elle pas ici ?	Nit ku tuda T*** deku 'fè'm ?
Ils y avait en effet une personne de ce nom.	Am on na nam nit ku ni tuda.
Et ne savez-vous pas où elle est ?	Hamu la fan la nèka ?
Elle a quitté ce pays il y a déjà trois ans.	Ñèt ' i at angi, bi mu dugé deka bi bè tèy.
A-t-elle dit où elle allait	Vah on na fa mu dem
Non, monsieur.	Dët. (am?
Mais vous savez ce qu'est devenu M. ***	Vandé ham nga lan la T*** di dèf.
Oui, je connaissais quelqu'un de ce nom.	Vâv, ham on nâ ku tuda nónulé.

Ubadut bolin saké sa-
la barak.
Savungé.
Udi om saké.
Iylat édovum sidala a-
sunsé.
Simuké om muk.
Fan sibil sivung, av ba-
kanoéso.
Lèt indé kukauumé si-
dala sunsé.
Du badé simuké.

———

Dégiro a ñafad aka nâ
litoha?
A yâdôdayo.
N'giangi a lakas.
Vágîm o ñâd fa muké
akéné.
Kâ dé ngâña'ham.
O rokôhangâ dèn, dé
yâdantinôh.
A muké akéné, rèfé mi a
ngémbandanél.
Dégiro a muké akâ pâd
dèn a ndigdèrna?

———

Kagellèn an.

———

Du hasé didé....?
Au an ay T... akinut didé

Badéné babé au ahoñey'
uu.
Uhasut bay d'am?

Simit sihendi unsé nan
daluré d'ésuk ay bô sièt.
Dalobé ni bay dadébot?
Sé, Musé.
Baré du hasé ban d'a-
mié T.....
Di haséné an ahoñié mi-
ña.

Lâmit o kin.

———

Andiro méné N**.
O kin o néé N** génèr
méné?

O yâl gon lèn a gènda
méné môs
Andiro mâ té rèfna ndîk?

A kid a ladak akéy, ya
té hafna n'sâh lé bô ndík
Layèr o kin ma té
Bara té.   (fâmna'ndi?
Ndâ andâ mâ G... a rèf-
na.
Io, andâm o kin o néé
nèu.

Français	Volof
Je ne connais personne de ce nom.	Hamu ma ku tuda nônu.
Où demeure-t-il ?	Fan la deka ?
Pouvez-vous m'indiquer sa maison ?	Ndah men nga mâ von ker am ?
Oui, monsieur, je vais vous accompagner.	Vâv , mangê andasê'k yov .

Pour s'imformer du chemin.

Ndah lâdté yôn.

Français	Volof
Quel est le chemin qui conduit à Mbissèl ?	Van a di yôn vi demé Mbisèl ?
Allez tout droit, et quand vous serez vis-à-vis du grand baobab, tournez à droite ..... à gauche.	Demal a dem ti sa kanam , té sô dânó'k guy gu réy ga, dèlal ti sa ndèydor .... ti sa tamoñ.
De quelle nature est le chemin ?	Naka la yon vi mèl ?
Il est bon dans cette saison.	Bâh na lôl sâ yilé.
Mais vous feriez mieux de prendre un cheval.	Vandé yov mu var a gen.
Car cette route est sablonneuse.	Ndégé yôn vi défa baré sûf.
Elle est inondée pendant les pluies.	Dèfâ fâ ndoh ti navèt.
Est-ce le plus court chemin d'ici à ...?	Ndah mó di yon vi gen a gata, filé bè..... ?
Oui, Monsieur.	Vâv.

Diola	Sérèr
Ihasut an kuhoñié miña	Andîm o kîn o tégu gi-lêm gon.
Bay dakiné?.	Mam a génu?
Manté duylo kaisom hank ol.	Vagir-âm-o lal mbind um?
Ahé indému dinabor d'-av.	A kâñ, mè yônâ fo vo.

Diola	Sérèr
Bot kagéllèn butin abu.	**A lâm't a dat.**

Diola	Sérèr
Butin bay kudomé' mu bot Mbisèl.	Alum rèf a dat alé Mbisèl?
Udov muña hakil ndomo dov dongo di bubak abâ dudok butin abu bata" kangèn kerir.... di kangèn kumay.	Fâmi fâm a pâm, tô dèndangâ fo bâk mâg nâ, hoti na ñamak... na tanôn.
Bu butin a bono?	Nâ dat alé nandu?
Bu daké édov muñé.	A fâha no ngap ongéné
Baré av ginté éfinlind yéhang kasum.	Ndâ vo fo gâydu modu
Mata butin abu bumèn-mèng hahlus.	Lâm a dat alé fud-a-fûd.
Bu iténitèn mahindo di hadam.	Kâ mayâ fo fôti ndîg.
Va bobu hangmu katog laté bo.	Ndah tèn rèf a dat alé modna rab méné bo...
Ahé.	Io, môs.

Le bord de la mer est aussi praticable, à marée basse.	Téfès gi itam bâh na su gël gi féré.
J'aime à marcher sur le rivage de la mer.	Téfès lâ sopa topa.
C'est très agréable.	Nèh na lôl.
Cette autre route où conduit-elle ?	Yôn valé dak, fan lâ demé ?
Est-ce le chemin de Rufisque ?	Yon i Tengegël lâ'm?
Se trouve-t-il d'autres villages sur la route ?	Yénèn dekâ'ngi li yôn vé'm?
Oui, monsieur.	Vâv.
Non, monsieur.	Dët.
Est-ce que nous ne serons pas arrêtés sur la route ?	Mbâr du nu dogé ti yôn vi ?
Non, Monsieur ; elle est très fréquentée.	Dët ; ndé di nga tasé i nit bè ba ngâ aga.
Quelle est la distance d'ici à Dakar ?	Ñata la Ndakaru soréyé filé.
C'est trois journées de marche.	Ñèt' i fan nga var a doh.
Je crois qu'il y a trois lieues.	Défé nâ né ñèt' i vahtu la.
Y a-t-il des rivières à traverser ?	Di nañu li dala i dèh am ?
Non, Monsieur.	Dët.
Oui, mais vous traverserez à gué, et facilement.	Vâv, di nga hus, vandé di na yomba.
Rencontre-t-on des montagnes ?	Yôn vi baré na i tunda ?

Diola	Sérèr
Katant aku fof kuḍaké ḍov, baré muhlamu mahlabé.	Téfès fané it a féla bêrèl, ndâ no mâg o ḡîs som.
Katant aku dihang mafañ déḍov.	Mi féhu bêr na téfès fé.
Sum sum ḍakut.	A fèla bô lèng andèr.
Butin abumba bay bufuré?	A dat aléné, tam a ḍofanda?
Butin bata Rufisque firé?	A dat Tingigèḍ a rèfu' ndi?
Sisuk saké unsu di butin abu firé?	A sâté lakas â ndèf na dat alé ndi?
Ahé.	Io.
Sé,	Bara.
Va baḍut kukû firé di butin abu?	Mbâr dègkandêm na dat alé?
Sé, musé, mata fan ufimbor di bukan bot nan domu ring.	Bara, lâm han o hêtâ fo vîn bô ya fadkâ.
Bu ḍokumé taté bo Dakar?	Ndakaru ponum a godtu mèn?
Dènsén, manté fan uḍov kunak kono kuhedï.	Han o ñâḍ ngap pé a tadak.
Dènsén, manté sivahtu sihoḍï.	Han a fad a páhtu tadak fôgum fê.
Va fan uḡangènal firé katunk?	A kal han a nḍôtnèl na dat alé ndi?
Sé, musé.	A lèng rèfé tèn.
Ahé, fan uyokoal mata babaḍ huyokom hahurut.	Io, han o ḍôt, ndâ han a yôb.
Butin abu buméngé huriḍ?	A dat alé maya a tông?

Français	Volof
Oui, Monsieur; et en certains endroits vous serez obligé de descendre de votre monture, et de la mener par la bride.	Vav, té ti i béréb di nga vaṭi fas vi, té di ko omat.
Mais, on m'a dit qu'il qu'il y a deux routes.	Vandé da ma dég' ôn né yôn yi ñâr la ñu.
Le pays est tout à fait plat, et couvert de forêts.	Deka bi bépa dèfa tôla, té baré ala.
Nous traverserons alors des forêts?	Di nanu dugi mbok ṭi i ala?
Nous faudra-t-il coucher en route?	Di nanu fanan ṭi yôn am?
Combien de fois?	Ñata yôn?
Trouverai-je des guides?	Di nâ ami ku ma gungé?
Non, monsieur.	Dët.
Qui me montrera alors le chemin?	Kan a mâ voni mbok yôn vi?
J'irai avec vous, si vous pouvez attendre à demain matin.	Di nâ anda'k yov só menê nèg bé elek ṭa lelek.
Je ne puis vous attendre, vous êtes trop lent	Menu ma la nèg', da nga vîh
Allez alors, vous êtes dans le vrai chemin.	Démal mbôk, yangi ṭi yôn vi.
Vous avez perdu le chemin.	Voṭa nga yôn vu bâh va.
Quel chemin dois-je prendre?	Van yon lâ var a ṭopa?

Diola	Sérèr
Ahé, také fan uvalo d'é-finlind ay ban dutcngèn yo.	Io, tô han o fad no mbiñ o fudohka pis né tô doh in.
Baré di damdam kon utiu av ulubav 'om.	Ndâ nandâm a nan é, a dat aké a dak a ndèfu.
Esuk ay fé érérénô-réréno ban débad éhémba.	Sâh lé a dèl a dèl to a mayâ kob.
Va fan unokénal firé d'éhémba?	Han i mbêr nâ kob mbôg?
Fan ugotal di butin abu firé?	Han i mbé na dat alé ndi?
Ñem?	A taf a ponum?
Fan ubadal an av malingèn olal?	Ha n' dég o yôn ondi?
Sé.	Haa.
Ay ma maïsom butin abu?	An koy nâ lalka 'ham a dat alé?
Fan inabor d'av, uylimu kakob bo kadom di budom.	Ha n' yôn fo vo, o vagangâ tung bô'fèt mbéfèt.
Iylat i kakob mata dukurikuri.	Vagir ông o tung, nîdâ.
Udov nané, amu di butin abu.	Rèti mbôg, vohé na dat alé mat.
Du katé butin abu basonia abu.	Dapâ dat alé môs.
Butin bay d'éntèm idov?	Aluʼm a dat hélum o rèf?

Pour s'embarquer	Ût gâl
Monsieur, y a-t-il ici un bateau en partance pour Gambie?	Suma vay, am na fi gâl gu dem Bandul am?
Je crois que ce bateau lèvera l'ancre aujourd'hui.	Dèfé nâ né gâl galé di na budi tèy.
Savez-vous où il va?	Ham nga fan la dem?
J'ai entendu dire qu'il va à Albréda.	Déga nâ né Albadar la dem.
Savez-vous où est le capitaine?	Ham nga fan la Kaptèn ba nèkâ'm?
Ne voyez-vous pas cet homme grand, qui parle à deux matelots?	Gisu la ndol malé di vah ak ñar i matlot?
Je le vois bien, est-ce lui?	Mangi kô gis, môm lâ'm?
Capitaine, allez-vous à Gorée?	Kaptèn, Bër nga dem?
A quelle heure partirez vous?	Van vahtu ngâ dug?
Aussitôt que le vent le permettra.	Su nu ko ngélav li ma-yé may.
A la marée descendante.	Ti pèré bi.
De très bon matin.	Ti ndel.
Combien vous faites vous payer?	Ñata nga fèyaku?
Le prix est le même pour tout le monde.	Ku nèka lèna li la fèy.
Combien de jours avez vous le plus souvent pour aller d'ici à Carabane?	Nâta fan nga faral am lilé bè Karaban?

Kaǵes busana	A pâd a kâl.
Afal' om, va baǵé firé kalanṭa kan dédov Banḍul?	O kôr ès, a kâl a ṭofu Banḍul rèfé méné?
Nokor nokor ḍon kalénta ku kunka dédov bô siél	Fôgâm é kâl alâna hani té baf.
Du hasé bay kudébol?	Andiro mâ té fâmnôhâ?
Di ḍamé kou Albrèda kudébot.	Nânâm é Albadâr a fâmâ.
Du ,hasé ban kaptèn nay am?	Vaga'ham-o lay mé o sâsaytah um a rèfna?
Uḍukut ḍangaṭ aḍa, alo-bé ma kumatloṭ kulu-baka?	Gairo poñkil fanâna na layâ fo vîn o mâg dik vâna?
Diḍuk ol, manṭé akila?	Mê giâ'n, ndah tèn rèfu sâsaytah ohâ?
Kaptèn, Bêr du ḍébot?	O sâsaytah, Bêr o ḍofa?
Nay domu hino?	Na fanum vahtu o baf-kâ?
Nan éhèf ay yomé ḍi on	Yâ kéñ alé ṭi-ûn-a ṭi a in sôm.
Mulilo amu di kalab.	No ǵîs olé.
D'u rab.	N'kâk ké.
Buṭum va du ṭamé'mu?	Ponum o rafḍinôhtâ?
Baṭam abu banor abu.	Ndaſîd né lèng a réfu.
Kunak kono kém duba-demu taté bô Kara-ban?	A pé a ponum méro ḍega méné bô Kara-ban?

Français	Volof
Nous mettons ordinairement deux jours.	Ñâr i fan la ñô faral a am.
Pressez-vous, le bateau va partir dans une demi heure.	Na nga gav, gâl gá'ngê dug ţi gêna val'i vahtu.
Ils lèvent l'ancre, dépêchons-nous.	Ñungâ budi, na mu vâhu.
Je vous souhaite un bon voyage.	Na la Yalla yobô'k dama.
Ecrivez-moi promptement.	Binda ma bu gàv.
Je ne l'oublierai pas.	Du ma ko faté.
Adieu.	Ti dama.

ADIEUX.   Tago.

Français	Volof
Je viens vous faire mes adieux.	Da ma la tagusi.
Où allez-vous?	Fô dem ?
Je vais à Boulam.	Bulama lâ dem.
Avez-vous des commissions pour votre père?	Do yobanté fa sa bây ?
Quand partez-vous?	Kañ ngâ démé ?
Le bateau n'attend que moi.	Gâl gi, man réka lâ nèg
Serez-vous longtemps absent?	Di nga yâga'm ?
Mes affaires pourront me retenir cinq ou six mois.	Suma i soñla men na ma déñţa durom mba durom bèn' i vêr.
Si je ne craignais de vous incommoder, je vous confierais une lettre pour. . . .	Su ma la ragalul on a gétèn, dôn nâ la denka lètar u....

Kunak kuluba dinahému dibad..
Ukan ţap kalanţa'ku fan kuhino vahtu yatéké.

Umbuka di kuñak huyóh ahu holil uñahal ţap.
Emitay égètum i kasumay.
Ukiuţ om tap.

Lèt imodén.
Kasumay.

———

Dibibil bol élobi.

Bay du ḍébol ?
Bulama didébol.
Lèt ukongèm bata atubav ?
Nay doto ḍov.
Kaptèn aku inḍé kuhobému baré.
Fan ufio ?

Vah vaḍok'omu uylo ḍok om bo futoh manté kuléñ kono hutok di yanor lkoliènt'mu fan ibihlèn i lètar ata.....

A pé a dak i méru nḍégâ

Ñofi fé, lám a kâl alé ndêr mé fa sêk a lèng vahtu bafka.
Dènvu ndisâ, fat i ñof.

Fat Rôg a fadand ong fo ḍam fé.
Fat o bindâ'm nu ñofu.

Vêţk-in-um,
Na ḍam koy fé.

———

A ASAH.

———

Kâ n'asóhîd ong.

Mâ ḍofâ ?
Bulâma ḍofum.
Bisnitkiro mâ fâp of ?

Mban o rèţka ?
Mî sôm a kâl alé ţungâ

Ndah han o miñ nâ inâh of ?
Sohla és han a mbâg âm o ngêk bo a kôl bétak bô na bétâ fa lèng N' fañdangêr té gèténd ong, dohinkêgâ ' ng safé o ţohan âm a...

Français	Volof
Si vous me la confiez, j'en serai heureux.	Sô ma ko ḍohé,mu nêh ma.
Portez-vous bien.	Ti dama. (ma.
Bon voyage.	Na la Yalla yobó'k da-
Ne craignez-vous pas de tornade?	Ragalu la ngéláné ?
Saluez-moi votre tante.	Neyul ma sa buḍèn.

Rencontre d'un ami.

Sô tasé'k sa harit,

Français	Volof
Quoi ! n'est-ce pas notre ami N*** que je vois?	Mô' du sunu harit T*** lâ di gis am ?
C'est moi-même.	Man sahsah la,
J'espère que vous vous portez bien.	Dama rèka nga am ha-na.
Très bien comme vous voyez.	Dama dâl, niki nga mâ gisé.
Vous me surprenez beaucoup, car je ne pensais pas vous rencontrer.	Domal nga ma lôl, ndé haru ma von a tasé'k yov.
Je remercie le bon Dieu de votre retour.	Vay, Yallâ deréḍèf ṭi li nga délusi,
Je suis ravi de vous revoir.	Gisati la nêh na ma lôl.
Quand êtes-vous rentré?	Kañ nga délusi?
Et comment se portent tous nos amis?	Naka la gâ ña dèf nak?
Je les ai laissés avec la paix.	Dama rèka la lèn bayé.
Y-a-t-il longtemps que vous les avez quittés?	Yága ngâ tagò'k ñôm?

Diola	Sérèr
Udi om komu di sum'-om.	Ha n'bis in fo banéh o tôhangá'm o tèn.
Kasumay.	Na dama fa dama.
Emit égétumi kasumay.	Rôg a bis ong fo dam.
Ukoliut éhéf ay yemeuk.	(tèv.
Usafom asum faf i.	Lémbtau' âm fâp of o
Ufimbo mu d'afali.	**Ya hétôna fô sil of.**
Va lèt afal om N*** di duk mé?	An ohéné ! o sil ès N** n' giâ ?
Iadé bubum om.	Mi o mat ô.
Kasumay baré dom baré	Andam é dam sôm dé-go dé.
Kasumay d'am nòn du duk om.	Dam fa mayu né giâ.
Duyik'om ger mala lèt i-fimborèn d'av.	Dómlanda- ham- o lâm fôgdîm o hêt fo vo térék.
Emitay ékané kasumay nòn du lañulómu.	Rôg dôkandal nâ ké da-kôhidôna.
Kaduk i kusum ger.	A ki alé giahin-òm-a fé-la ham lôl.
Nay du lañulo?	Mban galo koy é?
Bu kufal oli kukané.	Nâ gor vâ mbiu.
Kasumay di katulil.	Dâm rèk vastum a dèn
Fié nan dikatoré?	Miñá asôr fo dèn ondi ?

Français	Volof
Mais, il y a près d'un mois.	Lu day ni vèr angi.
Quoi! vous êtes ici depuis si longtemps, et vous n'êtes pas venu nous voir?	Naka! nônu nga fi yâgé té mesu lâ ñev sah sêtsi nu?
C'est très mal, assurément.	Lôlu dékul môs.
Je n'ai pas pu venir plus tôt.	Da ma menul on a ñev bu gen a gav.
Vous savez que ce n'est pas mon plaisir qui m'a amené ici.	Ham nga né du topa suma banèh a ma fi indi.
Tout mon temps a été pris jusqu'à présent.	Da ma dap 'ôn bôba bè tèy.
Mais, maintenant, j'espère que vous en donnerez une partie à vos amis.	Vandé hanâ lëgi di nga bôlé nak sa i harit ţi sa topato?
Comment avez-vous voyagé?	Naka nga ñevé?
Je suis venu à pied.	Da ma runga.
J'ai pris un bateau.	Gâl lâ duga.
Je suis venu à cheval.	Da ma var ôn.
Resterez-vous longtemps ici?	Di nga fi yagâ'm?
Qu'est-ce qui vous a fait revenir si tôt?	Lu la délosi lu ni gâvé?
Quelques affaires m'ont amené ici.	Sohlâ ma fi indi.
Quand vous verrai-je chez moi?	Kañ lâ lâ gisi ţa sunu ker?
Ne voulez-vous pas venir dîner avec nous?	Begu lâ ndèkisê'k nun am?

Diola	Sérèr
	A lața fad o ngôl o mat.
Țay kama muña dufiomu babé baŋ ubilut naké uḍukora?	Nam! môfà mên ṗodu nên, tô gariro sañ dê- țîd a iŋ?
Vaḥ avu uḍakut țuf.	Fîro țofu môs nu kèn.
Ḷatèn ébil di maḥiré.	Kâ vágdîm o moḍ o têl o gar môs, tèn țaḥ'un
Du ḥasé lèt vaḥ a sum'-om di ḥukov uǵal'om babé.	Andâ ê rèfê fî kâ fèl-aḥam-a bisîda' ḥam méné.
Di ḍokèn ḍok nô bô mi-ñé.	Kâ yága bô fa ndik o bay ès a damdu.
Nané miñé fan uginor afal i di vaḥaŋ vula-komu di kakaŋ?	Andâm é, ndîki koy, ḥan o fokât yôn of na țoṗataḥ alé?
Bu dubimulo?	Na gartîdo?
Di bota dibimulo.	Kâ n'téfèsôḥîd.
Di busana dibimulo.	Na kâl rokîdum.
Di éfilind dibumulo.	Ṗis ǵaydum.
Fan ufio babé firé?	Ḥaŋ o miñ méné ndi?
Va ulañenul i di maḥi-ré?	Ḥa daknîd ong ñofu nên?
Vaḥ aḍok oṃ uǵal oṃ babé.	Soḥla mbisîd-aḥam mé-né.
Nay démé ḍuk i b'ololi?	Mbaŋ n'vâgka'm o gi nu mbind iŋ?
Ufañut ḥutèñ d'ololi ka-țav?	Vâgkiro gar futôḥîd fo iŋ oṇdi?

Français	Volof
Nous ne dînons jamais avant sept heures.	Du nu ndéki muka bala durom-ñâr.
Eh bien, alors je pense pouvoir venir.	Défé nâ dî nâ men a ñev mbôk.
Bonjour.	Ti dama.
Au revoir.	Bé ba ñô giséfi.

LES POISSONS.

Dén.

Français	Volof
Allez-vous aujourd'hui à la boucherie?	Di nga dèm tèy tifflé-kay am?
Non, monsieur, car c'est un jour maigre.	Dël, ndégé tèy lèka yapa ày na.
Vous avez raison, j'allais l'oublier.	Dega nga vah, mangi ko don fatédi.
Alors vous devez allez à la poissonnerie?	Var ngà dèm mbôk fa ñô dàyé dén?
J'en viens.	Fa là dugé nilé.
A quelle heure êtes-vous donc allé ?	Van vahtu nga dug òn mbôk?
A cinq heures, ce matin.	Ti durom li lelek.
Je désirais avoir du bon poisson, c'est ce qui m'a fait quitter si tôt.	Da ma beg òn a am dén yu bâh, mô ma tah a tèl a géna.
Eh bien, y avait-il du poisson?	Dén am nâ'm?
Oui, il y avait beaucoup de poisson.	Vâvâv, dén baré on na fa lôl.
Quelle sorte de poisson avez-vous achetée?	Yan dén nga dènda tèy?
J'ai acheté une raie, deux morues, trois petites anguilles et un saumon.	Dènda nâ bèna tumbu-lân, ñâr i tòf, ñèt' i sîk yu ndav ak bèna sáka.

Diola	Sérèr
Lèt utéñal miñé katav bot hutok di siluba.	I nangé mbutvâ a réfangé na bétâ fa dak.
Manté dibi iyli ébil.	A réfangâ nên, han n'gar mbóg.
	Yongi fo dam.
Kasumay.	
Bot nan nomo udukora.	Dam fo dam.

Sivol asu.

LIP.

Fan udov sièt ban kumuké mu sib'asu?	Rétkiro hani no tilléand olâ ndi?
Sé, mata sièt elu deñiniy.	Bara môs, lâm hani ñâm a tégéd réfê dai.
Du kongé, indé botèn nimodèn.	Layâ ndigil, mi o mat lâtâ'n-um o vêt.
Va fan udov ban kunomé mu sivol asu?	Han o rét mbóg no dikuand lip kâ?
Bo difumulo mé miñé.	Mâga batum nèkè.
Nay du dèm bo nané?	Na fanum vahtu rêtdo mbóg?
	Na bétak mbéfét né.
Hutok du rab.	Lip pahu bugdum o dèg tèn tahda'ham o tél o sutôhit nên.
Difañenfañ kabad sivol sasonié mu modému di dovali.	
Sivol sibadé firé?	Nam ó é, lip a ndéga ma?
Ahé, sivol asu simégéné bo ger.	Io, lip a mayda lôl.
Sivol say du nomé sièt?	Kum lip diko?
Di nomé vohor yano sikilihl siluba, sinamal sihedi salit, déhenta yano.	Dikâm ndumlâu lèng, fo a kur a dak, a sik duâm a tadak a tèb fo fanda lèng.

Français	Volof
J'ai aperçu des brochets et beaucoup de dorades, mais je n'en ai pas acheté.	Gis nâ fa i sedâ'k daroñ yu baré, vandé dendu ma ţa.
Vous avez eu tort, car la dorade est un très bon poisson.	Toñ nga, ndégé daroñ dén vu bâh la.
Il y avait beaucoup de turbots et d'énormes thons.	Ndërër baré on na ak sipoñ yu réy.
J'en ai acheté, car ils n'étaient pas chers.	Ḍènda nâ ţa , ndégé ndég la nêh on na.
J'ai aussi apporté des huîtres, des écrevisses et de magnifiques homards.	Yeb nâ fa itam i yohos, i sipasipa ak sum yu amul morom.
N'avez-vous pas vu du poisson d'eau douce ?	Gisu la fa ḍén i ndoh mu nêh?
Il y avait en effet de belles carpes.	Am on na fa, vah deg, i vâs yu rafèt.
Pourquoi n'avez-vous pas marchandé les crabes ?	Lu la téré on a vahanté sâra ya?
Je l'ai fait, et ils se vendent selon la grosseur.	Vahanté nâ lèn, té sèn réyay la ñu ţâ apa.
Combien vend-t-on la torpille ?	Ñata la ñô ḍâyé bèna vañar?
On en donne six pour trois francs.	Durom bèn yu nèka, ñèt'i fiftin la ñô dar.

Diola	Sérèr
Didin to sivol samengé baré nomut so.	Giám mâga a pangál fo taroñ mayu, ndâ dikîm tâga.
Duhoforé mata daroñ évol ésonié	Toñâ mên, lâm daroñ lip mbâh ó.
Sindérér simengèt to di sisipong samèngé.	Ndérër a mayda mâga, fa tiñîu a magnu.
Di nom tô mata hunom hata so husum om sum	Dikâm tâga, lâm ndigand nâ félda.
Digarito fof sul, bafat di sum yabadut afal.	Bisîdam a yuh, a sâkma fo a sum aka ndégérna kénd.
Udukut bo sivol sata muhlé lienk?	Gairo ma lip fôf'fo félu?
Badèn to keng siforok sa sonié.	Giám mâga poy mosu môs ndigil.
Vadié uloborut bó sikub asu?	Ha tahu bó lamtiro ndigand na sâra kâ?
Dilobéné, nôn siruk miña kulobému hunom hata so.	Tô lamtam a dèn fé, no magnél dèn dé ngapté.
Bu kunomému évañar?	Ponum vañar lèng a dikôhté?
Futok di yano sipistirîng sihedi kunomésomu.	A bétâ fo lèng pistrin tadik a ndarâ.

Ordre pour le dîner.	Vahanté ndéki.
Que voulez-vous pour vôtre dîner aujour-d'hui ?	Lan nga bega ndéké tèy ?
Qu'avons-nous à la maison ?	Lan la nu fi am ṭi ker gê?
Il y a un très beau poulet rôti, et de la salade.	Am nanu fi ganar gu nu vaḍa ak salad.
Je préfère le veau.	Yap'i selô ma ko genal.
Le chasseur a apporté une jambe de biche et des cotelettes de sanglier.	Dana ba indi na tank'i ḍib ak falaré i mbâm ala.
Le boucher n'a-t-il rien envoyé ?	Tiflékat bi yonévul dara?
Il a envoyé le bœuf et le mouton que j'avais demandés.	Yoné na yap'i nak ak vu har vaĝma ko lâḍ ôn.
Mais le bœuf est meilleur marché que le mouton.	Vandé yap'i nak vâ gen a nêh ndeg vu har va.
Donnez-nous aussi des haricots verts et des épinards.	Na nu am itam ñébé vu tôy ak mbûm i tubab.
Cela nous suffira aujourd'hui.	Lôlu di na doy tèy.
Ayez soin que le couvert soit mis, et la table servie, le plus tôt possible.	Na nga tég lögi tabul di, tô yéka ṭi li gen a gâv.

Kalobor katav.	A kébil a put.
Va du fañé hutèñ sièt katav?	Ha bugo fufôhit hani?
Va ma dubaḍalé d'éluf ay?	Har i ndégu mbind né é?
Dubaḍalé émanḍuk yan kufémbèn kuginor di salad.	A tèk a nḍudé bô dégé kénd i ndamu mén fo salâd.
Elû yata hulobéné yo éhauĝ kasum om.	A tégéḍ o hél moḍana ham o tèn.
Affumbèn av daĝalo humbong hata husurubora du uheh vata éfurga éhémba.	O dana'ha bisída a ṭaf mbil fo falâri rûl a kob.
Amuk av ata siba'su aĝalout vah o vah?	O ṭidikah a tégéḍ aké lulíidé tus ondi?
Daboñulo élû yat'èbé yéta éḍamèn élulum ay yan digélénomu.	A lultída a tégéḍ mbál fo akén nâk aké laṭdûma.
Baré élû yata ébay éhang masum unom yéta éḍamèn élulum ay	Ndâ a tégéḍ aké nâk lé moḍu mbél ndigand akén mbâl né.
Uḍi oli fof kusak kadobié buko mbum ata élulum.	Dónani in a ñav a kubu fo fudêh no tubâb.
Vah avu fan ufam sièt	Kên a foda hani.
Unènfèn tabul ay ṭap ban dugab di mahiré	Fat o dôn ndiki tâbul fané tô yu nâ té moḍna ñofit.

Français	Volof
Je ne veux pas attendre	Begu ma di hâr.
Que tout soit prêt à cinq heures.	Na lépa suti ti durom.
C'est l'heure convenue.	Mô di vahtu vi ma apa.
Allez à la cuisine et voyez si le dîner est prêt.	Dèmal ta vâñ va té sèt ndah ndéki li suti na.
Il sera prêt dans cinq minutes.	Di na suti fè'k durom i minit.
On met la nappe.	Ñungé lal tabul di.
Le dîner est servi.	Ndékí là'ngè nég.

Le feu.

Safara.

Français	Volof
J'ai froid, faites du feu s'il vous plait.	Da ma liv, tâlal safara, lêl.
Avez-vous fait du feu?	Ndah tâl nga?
Un feu pétillant réjouit nos yeux.	Safara, su di laka bu bâh, a nêh a sét.
Mais votre feu est bien bas.	Vandé sa safara név na lôl.
Voici un bien mauvais feu.	Safara si bâhul.
Vous n'avez pas soin de votre feu.	Da nga dul topato sa safara.
Faites un bon feu.	Tâlal safara su bâh
Prenez le tisonnier et remuez le feu.	Delal vèñ galë té yengal safara si.
Relevez ce charbon avec lés pincettes.	Delal ñem bi, té délo hal vilé.
Voila un très bon feu	Safara su bâh angi.
Avez-vous encore froid?	Lèv andi ngà'm?
Non, je suis très bien maintenant.	Dét, mange sog a vâtu.

Ifañul kakob.
Urirèn fé minta balay
    abu bulò.
Fan dinong'un.
Udov di huñulum aku
    ban nduk n.anté katav
    aku kuñullé.
Fan kubav taté siminit
    sono bulok soba vélorul
Umbuku di kufènk tabul
Katav aku kubavé. (ay.

Bugîn o lungâ.
Fat fop a fag nu bélak.
    (hapûma,
Tèn réfu vahtu fané
Réti na mbâv alâ, tô dèt
    ndah a put alâ faga.

Han a soti ndèr mé fo
    tutuñ.
Tabul fané'hé dâpé.
A put alé'hé butâ.

——

Sambun asu.

——

Kulont kok'om ubonkèt
    ulikèn sambun.
Dulikéné?
Sambun saliké ger sisu-
    mé kaduk.
Baré sambum sia sitité
    daku.
Sambun sadakul unsé.

Utokorut sambun-a-sia.

Ulikèn sambun sasoni
Ugar mañ amu mâ uli-
    ligèn sambun asu.
Uga ñidob añu mulanén
    kumed aku.
Sambun sasoni unsé.
Du rongé dutontèt?
Sé, nané énil om ésu'é.

FIDÈL.

——

Dogoñêm, kô ndèg vu-
    di fidèl.
Vûdâ ndi?
Ndigil fidèl lâ nâ kabâ
    pâh a féla dètèl.
Ndâ fidèl fané vo néva.

Fané fidèl fâhé.

Vasiro-vas yif of na fi-
    dèl lé vo.
Vûdi fidèl fa mbâhu.
Dangi ndélêm kâna tô
    yoín fidèl lé.
Dangi sangir alâna, tô
    dakin gâgañ léné.
Fidèl fa mbâh fanéy.
Dogoñé bô ndîk?
Bara, mé' sogâ yadóh.

Français	Volof
Il y a trop de cendre, cela étouffe le feu.	Döm i tâl bi baré na, dèfa téré safara si.
Vous avez laissé tomber le feu	Vota nga safara si dânu.
Soufflez-le doucement.	Fûf ko ndauka.
Où avez-vous mis le soufflet ?	Fan nga tèg upu ba?
Il est à côté de la cheminée.	Mungi ti vèt i siminé bi.
Que cherchez-vous maintenant ?	Lô di utaté?
Je cherche la pelle.	Pèl ba lâ di ût.
Que voulez-vous en faire	Lô kô doyé?
Je voudrais jeter du charbon sur le feu.	Da ma bega doli keriñ ti safara si.
Mettez-y du bois.	Dèf ti mata.
N'en mettez pas trop à la fois.	Bu ko baréyal bèna yôn.
Vous faites fumer le feu.	Yangé sahârlo safara si.
Passez-moi le soufflet.	Dotali ma upu bôbu.
Je vais le faire prendre.	Lëgi ma takalô ko.
Il commence à flamber.	Mungé dôr di taka.
Maintenant approchez plus près du feu.	Randusil nak ti safara si.

Avec un tailleur.

Ak ñavkat i yéré.

Français	Volof
Votre tailleur est arrivé, Monsieur.	Sa ñavkat ñev na.
Qu'il entre.	Na agsi.
Je vous ai fait venir pour me prendre la mesure d'un habit.	Da ma la ôlu ndah nga dogal ma palto.

Diola	Sérèr
Hatun ahu huméngé hu-génumgèn sambu asu	Ndav ké may-a- may, tèn tahu bô fidèl lé vâ-
Du kafé sambun asu min silô.	Vâsâ fidèl yèn. (gé kab.
Uhufèn so datit.	Vûd'èn o ndang.
Tay dunéné ébihum ay ?	Mâ dòno ûf nâ ?
Yoyu di karab aku kuta seminé ay.	Ohéy a pâm kébandang né.
Va dugsé d'yo pané ?	Ha vâdahina mat ?
Pôi ay digèsé d'yo.	A pêl alé n'vâdâ,
Va dudebo d'yo?	Har o fitkâ'n é ?
Difaññañ kafamèn kuméd di sambun asu.	Kâ n'bug o bât a somb nâ fidèl.
Ukan do uyad.	Yipi tên a tûd.
Dakum ukan va do fé ébando. (bun asu.	Fi ndank fé.
Av mu nukorénénu sam	Vohé sûnandâ fidèl.
Uñakénul om ébihum ay	Tôh âm ûf né.
Muñé dilihkèn so.	Ñdiki n'kaband in.
Unso disilihkûl.	Ohé kabîdâ ndiki.
Ulohul sambun asu.	Matîdi fidèl ndîki koy.

Diola	Sérèr
D'akik av ata vañ.	**Fo'ñoñô toki.**

Diola	Sérèr
Akikav ia dabilé.	O ñoño of a gara.
Anokèn ul.	Fat a fadîd.
Av dihoñhoñ manté du-farén'om palto.	Kâ n' hôynôr ong ndah o dégan-âm ndoki lèng.

Français	Volof
Comment voulez-vous qu'il soit fait ?	Naka nga ko begé?
Faites-le moi comme on le porte maintenant.	Dèfal ma ko naka mu hèvé tèy.
N'avez-vous pas besoin d'autre chose ?	Ndah sohlavu la lénèn ?
Je veux aussi le gilet et le pantalon.	Sohla nâ itam tubéy da ak silèt ba.
Que le pantalon et le gilet soient aussi selon la mode nouvelle.	Na tubéy dè'k silèt bi itam nirô'k yi nô sol tèy.
Quelle sorte de boutons voulez-vous ?	Butoṅ i lan nga ti bega?
Je m'en rapporterai à votre goût.	La nga ham né mò ta gen a dèka.
Les boutons d'argent conviennent à la couleur noire.	Butoṅ i halis dèka na lôl ti lu ñûl.
A moins que vous ne préfériez des boutons d'or.	Ndèm butoṅ i urus genalu la.
Je pense que les boutons d'or sont plus à la mode.	Dèfé nâ butoṅ i urus yè gen a hèv tèy.
Vous y mettrez donc des boutons d'or.	Na nga ti dèf mbôk i butoṅ i urus.
J'ai aussi besoin de quelques habits maures.	Sohla nâ itam i yéré nâr.
Je vais en voyage chez les Trarzas, et voudrais m'habiller comme eux.	Da mâ tukidi fa Trarza ya, té bega sol yéré yu mèl ni sèn yos.
Faites-moi donc une	Dogal ma mbôk ñâr i

Diola	Sérèr
Uon duhang mafañ?	Nà bugò té nand?
Ukanom yon non sifulo miñé.	Fian-âm o tèn né dé mbité ndíki.
Fañul yaké?	Schla à lakus ondi ?
Difañé fof élub ay di silèt ay.	Sohlaâm it salèsal na fo'ndoki ndèb ongâ.
Elub ay di silèt ay én-okor nôn sasifulo miñé.	Fat salèsal né fo'ndoki adnand ongâ nând fo ké nà ndokohé ndîki.
Sifib bu du fañé?	A putong a nandu nam bugo tèn ?
Han du hasmu sô suhang to masomén.	A kâ audòna é dèn modu tên o dag.
Sifib sata halis sahang madak di vah va layné.	A putong bâlis modu ngén nu kâ mbaligna fé
Lako don sifib sata urus sihangut i masum.	A putong vurus a modanangèr am.
Dènsèn sifib sata urus so sihang kafur miñé	Fògâm é a putong vurus fañé modu ndok-vé ndíki
Kama ukan sifib sata urus.	Fat o yip tèn mbóg a putong vurus.
Di fañé fof vañ vata nar	Sohlaâm it tokah no nâr.
Difañé kadavor bata Trazas.	Kâ n' inóhâ na sâté Tarasna vâ, tô bug o rokôh nându to kâ dé ndokvâ.
Difañé kakan vañ va-	Dégan'âm mbóg salèsal

Français	Volof
paire de pantalons blancs assez larges, et un *houssabe* noir.	tubéy yu vèh, té na ñu yâ, té tôg ŧa husaba bu ñûl.
N'oubliez pas la *turki*.	Bul faté turki ba itam.
J'en ai bien un, mais, il est déchiré ; a propos, je vous l'enverrai pour le rappiécer et pour le recoudre.	Am nâ ko bèna, vandé dèfa hutaku, di nâ la ko yoné sah nga dáhal ma ko, té nga gâr ko.
Ayez soin d'y mettre une poche en dedans et une en dehors pour mes mouchoirs.	Défal ma diba ŧi bír ak bénèn ŧi bili ndah suma i musör.
Ne manquez pas de me l'envoyer dimanche.	Bul ma ko ñaka yoné dibër da.
Vous l'aurez dimanche matin.	Di nga ko gis dibër ŧa lelek.

MÊME SUJET.

Lèna II.

Français	Volof
Monsieur, je vous apporte vos habits.	Suma vây, da ma la yebsi sa i yéré.
J'en suis bien aise ; je commençais à m'impatienter	Nèh na ma lól, ndé mangi dôr on di la yakamti.
Voici les habits.	Yéré yângi.
C'est bon. Je pense qu'il faudrait commencer par les habits arabes	Bâh na. Défé nâ nè yéré nâr yi lâ var a dôré.
Je vais les essayer.	Mangi lèn di sèt.
Ce *houssabe* est trop long.	Husâba bilé guda na.
Non, Monsieur, il est trop court.	Dèt, suma vây, défa gata.

Diola	Sérèr
siluba sahité ban siv-ung di husaba hala-yné. (fof.	dik tan, yâdu, tô dôn ta husâba fa mbâl.
Dakum umodèn tuki ay	Tô ba vêt turki fanâ.
Dibad yo yano baré tululotulo, fan ibonul i d'yo fof ufib'om yo ulokor om yo.	Dégâm fa lèng, ndâ kâ té ès, ha n'lultîd ong o tén, ndah· o dâhan ám o tèn, to o dis in.
Ukan'om éboté hindéna di tièng fof nab ikan do musor om.	Ñôvan-âm diba fa lèng kam fanâ, fa lakas tafîl fanâ mâ n'yiptâ a naf ès.
Dakum ugèn kasenundo yo Dimans.	Ba ñak ám o lulit a dèn na dibôr fanâ dé.
Fan udok yo Dimans.	Han o dâv ta na dibôr fanâ nu mbéfét.

Yanor ay.

LÉNG KÉ.

Diola	Sérèr
Afal'om d bibil di vañi.	O kôr ès, kâ n'bisîd ong tokab of.
Sim'om ger mata in-dému di doèn bot ka-birikèn i.	A fèla-ham lôl, lâm mé-hé tayég-ang.
Vañ av uvé.	Tokab ké kèy.
Dènsèn manté vañ afa nar ay démé dokum di vo.	A fâba. Fogâm é nu to-kab ké nu nâr vê hé-lum o élit.
Indé mu di liko vo.	Mè dêtkâ dèn.
Husaba unhé hubabak	Husâba fanéñé digda.
Sé, Afal'om hutotog.	Bara, o kôr ès, kâ rab.

Vous avez fait les manches trop longues et trop larges.	Dèf nga loho yi ñu guda lôl té yâ bu epa.
On voit que monsieur porte le *houssabe* pour la première fois.	Ku la déga, ham né tèy nga mes a sol husâba.
Parce que je critique un vêtement nouveau pour moi, n'est-ce pas ?	Ndègé li mâ véranté ți yéré yu ma hamul, du dega ?
Je vous assure, monsieur, que c'est de cette manière qu'on le porte.	Dega môs ? suma vây, nônu la husâba di mèl.
Maintenant, voyons le pantalon.	Nâ nu sèt nak tubéy ḍi.
Comme il est large !	Mbè, môka yâ !
Monsieur, c'est la mode la plus nouvelle.	Suma vây, mô di hévat gi gen a muḍé.
Vraiment ? l'année dernière c'était le contraire.	Dega dega, dâv nak, ûté ôn na lôl.
Les modes changent souvent, vous savez.	Vandé ham nga né hévat di na faral a supéku
Mais la ceinture n'est pas très juste.	Vandé ndiga li émul bu bâh.
Faites la ceinture plus juste et que le pantalon monte plus haut	Na ndiga li gen a sèv, té na nga vañi tûti ți sûf.
Que pensez-vous du gilet ?	Lô vah ți silèt bi.
Il est trop juste et me serre sous les aisselles.	Dèfa hat té di ma dompa ți pohatân.

Diola	Sérèr
Du kankan hugèn av u-babak ger ban du vung bah.	Fiá a náh aké dé ndigid lôl tô a yâḍ a domu.
An aḍammu d'av dahas en sièt butiar l diku kano husuba.	O nan-ôm-a, and é hani sôm sog o rokôh husâba.
Mata di ṭengoré di vañ van digakut.	Lâm nu ké ñimatirèl nu tokah ké andèrma, réfé ndigil ?
Mahlagèn afal'om, kuma miña husaba hanokormu.	Ndigil môs, o kôr ès, nèn husâba nandâ.
Ukob niḍuk étub ay.	Fat n'dèt koy salêsal fauê.
Ey ban dèvung !	Vé, tèn sô yâḍ !
Musé, yoyomu kafarèn aku kafulomu miñé.	O kôr ès tèn réfu o hos o faktu lé.
Mahlagèn! hutim nokorénut miñé.	Ndigil ? fagunfâk tó a gûtatirda.
Du has'on kafarèn aku kutivortivor.	A kos aké né andòna, a nanga yôbâ suptôh.
Baré ukènḍ ahu hutokut ḍon.	Ndâ ndèt né fodé pâh
Ukan ukènḍ ahu humis ban dufunṭul ḍatita délam.	Fodandi ndèt né tô fat salêsal né moḍ o yodòh.
Bu dulobé di gilèt ay?	Nâ layo no ndoki â adah ongé ?
Ehlilit, ban nahé kof'om di usufèt.	A fikôd-a-fik tô a gût aham na napând.

Mais je ne puis pas boutonner l'habit, et je crois qu'il fera des plis entre les épaules.

Vandé menu mâ butongé palto bi, té défé nâ di na lémudi ḷi mbaga yi.

Il ne doit pas être boutonné.

Varu ñu kô butongé.

Pourquoi pas ?

Lu térô ?

Ce n'est pas la mode.

Dèfa ḷi hèvul.

Pourquoi y avez-vous mis des boutons?

Lô ḷi dèf butong doyé mbôk?

Je ne sais; mais on rirait de voir un habit sans boutons.

Hau ma dè, vandè ku la gis ak palto bu amul butong, di na la ñâval.

Maintenant, monsieur, regardez-vous dans la glace.

Suma vây, yerul nak sêtu bi.

Voyez comme vos habits vous vont bien.

Sêtal niki la la yéré yi èmé !

Je ne sais s'ils me vont bien ; mais je sais que je puis à peine remuer.

Hau ma ndah déka na ñu ḷi man ; vandé ham nâ né mangi ḷi né gak.

LE DÉJEUNER.

Ndëki la.

Avez-vous déjeûné ?

Ndëki ngâ'm?

Pas encore.

Dët.

Vous déjeûnerez avec nous.

Na nga ndëké'nun mbôk.

Que prenez-vous ordinairement pour votre déjeuner ?

Lan nga tama ndëkô?

Baré iylat kakan sifib asu sala palto ay ban d'ensèn fan éboñ di ubandav.
Lèt ukan sifib asu.

Vadie?
Efurut babé.
Vadié dukan do sifib bot?
Ihasut baré au aduk i nu di palto yé badut sifib fan atutèn i.
Musé, nané udulo di kaduloum aku.

Uduk ba vañ av uré'mu d'av.
Ihasut manté udaké d'in dé baré iylat kagoro.

———

Sinang budom.

———

Du téñé sinang budom ?
Sé.
Fan utèñ sinang budom d'oli.
Va dufulèn' nu hutèñ di budom.

Ndâ vagîm o lokrand o ndoki'ngé pâm alé, tô fôgâm è han a do- rôh ndêr a kand aké.
Hélând o lokrand.

Lâm har ?
Kâ hévé mêu.
Ha tahu o yip tôn lok- rand mbôg ?
Andîm, ndâ nu gi-ôm-a fo ndoki' ngâ dègèrna lôkir, han a dal ong.
O kôr ès, dêtvi no ndên- dôr olé.

Dêti koy né tokah ké mboditna na vo.
Andîm ndah a ngéna na mi ; ndâ andâm é mé gak.

———

A ñakit alâ.

———

Ñaktôhâ ndi ?
Bara.
Fat o ñaktôh fo in mbôg..
Ha méro ñaktôhtâ ?

Français	Volof
Quelquefois des œufs et du couscous, quelquefois du chocolat.	Yénakêr nèn ak pana ; yénènkêr sokola.
Le déjeûner est prêt.	Ndëki li èmba na.
Eh bien, déjeûnons.	Naa nu ndëki mbôk.
Voici le couscous.	Pana'ngi ak ndaval.
Ne voulez pas de piment ?	Begu la kani ?
Commençons. par les œufs à la coque.	Nan nu dòré nèn yilé ñu bahal.
Aimez-vous les oranges?	Sopa nga sorans.
Vous ne refuserez pas cel e banane.	Do gantudi banané bilé.
Prenez-en une seconde, elles sont bonnes.	Ñarèl ko, nêh nañu.
Non, je prendrai seulement un peu de miel.	Dël, mangè dèl tûli ti lém bi.
Prenez-vous du thé, ou du café ?	Duté ngâ nân, am kafé ?
Je préfère le thé.	Duté dè ma genal.
N'aimez-vous pas le café?	Sopu la katé'm ?
Si, mais je ne puis pas dormir qu'and j'en prends.	Ahakañ, vandé du ma men a nélav su ma ko nâné.
Mais nous n'allons pas encore nous coucher.	Vandé du nu nélavi lëgi
Comment trouvez-vous le thé?	Naka nga vah ti duté di?
Peut-etre vous plait-il ?	Hana nêh na la?
Mais j'allais oublier de vous offrir le lait.	Vav, mangi la don faté doh sòv mi.
Prenez du sucre.	Dëf li sukur.

Diola	Sérèr
Naké këh di duté, naké chocolat.	Kom a kin fo sat, kom lakas sokola.
Sinang budom asu siba-kama uténal. (vé.	A ñakt'alé sofia.
	Fat i ñaktôh mbôg.
Badik bala musis amu umé buko éfor ay.	Sat ké key.
Udukumal di këh akun-ké kulabèn'mu.	Fat i mbérit na kin a-ké mbadnéna.
Dufañé kularanda.	Bugâ a sorâs ondi ?
Di hasé lèt ngèn huna-na ahu uhé.	Hañkiro o banâna' léné.
Ugar hono hususum.	Dangi lakas, a mbélayo.
Sé fan igar datila di fromage uyé.	Bara, mê daugâ tutûñ n'sum ka.
Duté d'omo hindo, baré café ?	Ndah mbalhat o yérka mbât kafé.
Duté éhang kasum'om Ufulénut café.	Mbalhat né modan-a-Féhiro kafé ? (ham.
Baré lèt iyl kagot indé bahindé yo.	Uhukañ, ndâ vâgkim o dân yâ yér-an-uma.
Baré lèt ugotal miñé miñé.	Ndâ i mbondôhké ndiki
Budulobé di duté ay.	Nâ layo n'mbalhat né ?
Va, ésum i. Kav indé'mu dimodèn èn kadî mihl amu. Ukan dò suere.	Fôgâm é a fél-âng. Ndâ né gaâ lâta-hong-o vèt o tôh fo sôv olé. Yipi tèn sûkûr.

Français	Volof
Je vous en prie, prenez-en davantage.	Lôl, delati ti.
Il est assez sucré.	Sukur si doy na.
Le café est fort, mais il est excellent.	Kafé gi am na dôlé di, vandé néh na lôl.
Vous n'y mettez pas d'eau-de-vie ?	Dô ti dèf tûti ti brandi bi
Je le préfère sans eau-de-vie.	Môm mu amul brandé ma genal.
Finissons par un petit verre de liqueur.	Nan nu sutalé tanh'i litor bu tûti.

Une blanchisseuse.

Fotalkat.

Français	Volof
J'ai appris que vous cherchez une blanchisseuse.	Da ma déga né da nga don ûl ku la fôtal.
Oui, madame.	Vây.
J'ai lavé le linge de Mr *** pendant deux ans entiers, et il a été toujours très content de mon service.	Fôtal nâ N** ñêt i at lema, té ngerem rèka la ma mes a von.
Combien vous payait-il ?	Lan la la dòn fêy?
Mr ** me donnait vingt cinq francs par mois.	N** durom i derem la ma dan fêy vêr.
Mais il me fournissait aussi le savon et l'empois.	Vandé mô ma dân doh sabô'k lampuay.
C'est bien, je vous donnerai les mêmes gages, et je vous fournirai tout ce dont vous aurez besoin pour bien laver.	Bâh na, di nâ la doh 'li mu la dân fêy, té tèg la doh la li nga sohla lépa, ndah fôtal ma bu sêt.

Nané uſamèn ugar do.

Eḍanḍam sukar gèr.
Kafé ay ébabaḍ sem-
  bèr ger baré suṁsuṁ.
Lèt ukan do ḍatil di
  brandi ay?
Yabaḍut'mu brandi yo
  éhang kasuṁ'om.
Nané nuhabélal éfèng
  yano yéla liṭor ay.

Ndêg bàtaḥini.

Sûkûr ſané ſoda.
Mbé, kafé ſané hîsa fé,
  ndâ a féla lôl.
Yipkiro tén luṭûñ na
  sangara ſané?
Tèn ſa ndégèru sangara
  moḍaṇa ham.
Fat i pâñt a kaf liṭor
  a luṭûñ.

Añav av.

Di ḍamḍam kon kages
  añav'av dulakéné.

Ahé.
Diñavé vañ ala M***
  sṁit siheḍi, ban ma-
  ki nasum ol di burok'
  om.

Van da nahéné aṭam i?
Musé N*** siderém sono
  hutok danahéné aṭam'
  om hulèñ.
Baré akila anaha di
  ọin savong di lempoa.
Ḍaké fau i ḍi vahan a-
  naha ṭam i'mu ban
  di famèn to iḍi i va-
  han fañéfé mauté du
  ñavo ufur.

O tâdap.

Nanàm é kô vadègu o
  tâdap.

Io, o ṭigèn és.
Dapanàm N*** a kíd a
  mûm a dak, tô ngi-
  dim rèk mosuṁ o
  ḍég no tèn.

Ponum a rafdég ô g?
N** a dérèm a bétak a
  rafdéga ham o ngôl.
Ndâ tén ṭohéga ham
  sáfu fo lampuay.

A fâha, ha n' rafd'ong
  ké té rafdèg-ông-a,
  tô kaltâ kén ké soh-
  laôna fop ndah o da-
  pan'âm a tap a kôlu

17

Français	Volof
Si vous avez du linge sale, je commencerai aujourd'hui.	So amé yéré yu tilim ma dôr lèy.
J'en ai, prenez-le, le voici.	Am ná ko, ḍelal, mu-ngilé.
Blanchissez-le avec soin et faites en sorte, de me le rapporter le plus tôt possible.	Föt ko bu bâh, té féhél bé délo ma ko ṭi li gen a gâv.
Je ferai tous mes efforts pour vous l'apporter dans la semaine.	Di ná la ko ḍëm a yeb ṭi gîr i bés yilé.
Raccommodez les chemises, et repassez tout le linge.	Gâral simis yi té pasé yéré yi yépa.
Voici la note du linge.	Kail i mpöt mâ'ngi.
Six pantalons blancs.	Ḍurom bèn'i tubéy yu véh.
Trois caleçons.	Ñèt' i tubéy i ḍital.
Douze chemises.	Fuk' i *simis* ak ñâr.
Six paires de bas.	Fuk' i kavas ak ñâr.
Quatre gilets noirs.	Nénént i *silèt* yu ñûl.
Deux gilets blancs.	Nâr i *silèt* yu véh.
Sept mouchoirs blancs.	Ḍurom ñâr i *musor* yu véh.
Deux camisoles de nuit.	Ñar i *kamisol* i gudi.
Un *houssabe* rouge et trois *turquis* noirs.	Bèna husaba bu honha ak ñèt' i turki yu ñûl.
Huit cravates.	Ḍurom ñèt' i *karval*.
Deux paires de *malanes*	Ñar i pér i malan i nḍôr

Diola	Sérer
Ubaḍ'mu vañ vatigénié, sièt dikit.	O déganga tokah todgu ha n'rop hani.
Dibaḍ vo uğar vové.	Dam-an-um, ohéy, ḍang'én.
Uñav vo udak, ban du-kan tap nubil nula ñemulo vo, di mahiré.	Dap'èn a kôlu ndêg, to féhéy bô dakn-âm o tèn nà té moḍua ñofil.
Fan ikan di mahiré di kunak kono kutok di kuluba.	Ha n'dèm ong o bisid o tèn ndér mé fa bés fa ndakvidu.
Utokor semis ay ban dupassé vañ ay té. (konké.	Disi tokt adnah ké tò pasé tokah ké fop.
Kaèt kata kañav aku	A kait tap né'héy.
Silub ay sono hutok di yanor sahité.	Salèsal tan bétà fa léng
Silub ay sihedi san di-daudé'mu ikano.	Salèsal âadin tadik.
Semis sono kugén di silu-ba. kata kavas.	Toki âadnah harbahay fo dik.
Sipèr hutok di yanor	Kavas harbahay fo dik.
Silèt sibakir salayné.	Fu ndoki fu âadin fu balgu nahik.
Silèt siluba sahité.	Fu ndoki fu ndan dik.
Ussor vano hutok di uluba vahité. (huk.	A naf béta fa dak a tan.
Sikamisol siluba sata di	Toki pépéir dik.
Husaba hano hadunké	Husâba fa vêk fa léng, fo turki bâl tadik.
Siturki sihedi salayné.	
Sikravat sono silok di sihedi.	A *kol* bétu fu tadik.
Sipèr siluba sata uhul	Pay tôr nahik, fo pay

Français	Volof
blanches et trois paires de *malanes* teintes.	ak ñèt' i pêr i malan vu ñu sûb.
Dix serviettes.	Fuk' i *sarvèt.*
Trois taies d'oreiller, et trois paires de draps.	Ñèt' i mbub' i ngégénay, ak ñèt i pêr i *drap*.

A TABLE.

Ṭi tabul.

Français	Volof
Où est ma serviette ?	Ana suma sarbét ?
Elle est sur votre assiette, devant vous.	Mungôk ṭi sa asèt ṭi sa kanam.
Je n'ai pas de cuillère.	Amu ma kudu.
En voilà une.	Bènâ'ngi.
Que vous servirai-je de ces mets ?	Lan lâ lâ ḍoh ṭi ñam yilé?
Prendrez-vous de la soupe ?	Ḍi nga nangu ṭi supa bê'm?
Non, coupez-moi, je vous prie, un peu de bœuf.	Dët. Ḍogal ma, lèl, ṭi yap'i nak vi.
Donnez-moi du veau et des épinards.	Ḍoh ma ṭi yap'i selu vi ak ṭi mbum mi.
Quel morceau préférez-vous ?	Gań vèt nga gen a sopa?
Le premier venu.	Bô ma ḍoh a ḍoh.
Mais mon couteau ne coupe pas.	Vandé suma pâka du dog.
Donnez un autre couteau à monsieur.	Ḍohal vâ ḍi bénèn pâka.
Que prenez-vous avec votre viande ?	Lan ngâ lékèḍê 'k yapa vi ?
Où est la moutarde ?	Ana mutarda bi ?

sahité di sipèr sihedi
sata uhul van kusubé.
Sisarbèt sono kugèu.
Di udufa uhedi vata
hukugo rum, di sipèr
sihedi sata uhul.

sûpé bétu fa lèug.

A pôptor harbahay.
Toki kâkandab ladik,
fo pay udong ,bétu fa
léng.

Di tabul ay

Na tabul.

Sarbèt humb'om unhay ?
Honhu di ssièt ia di ha-
   kil i.
Di badut kasèr.
Kin onké.
Di va démé di di mutèñ
   amu mé ?
Manté du gar disup ay ?

Tâ fôptòr és?
Ohéy no bôl o déb of,
   na pâm of.
Dégim o bang.
Ö léng olèy.
Har n'tohk'ang n' ñâmé
   kéné?
Han o dang na sup fà-
   né ndi?

Sé. Ufarèn'om do ba
   sumé i di élû ay yéta
   ébé ay.
Usèn'om di élû ay yéta
   hulobèn ahu di mbum
   ay.   (sumi.
Ufarèn hay uhang ka-
Han-ô-han.
Baré évuñum yumb'om
   éfarénédit.
Udi aïn av évuñum ya-
   ké.
Va domé téñ'mu d'élû
   ay?
Mutarda ay uyay?

Bara, dégan'âm na té-
   gèd aké nâk lè.

Davandan' âm na té-
   gèd no hêl olé fo fu
   dêh né.
Alum a sèk modo bug ?
Alu tôh-aham-ona tôh.
Ndâ ndapil ès vélèr.

Tohi koé dapil fa lakas.

Har o fokatká fo tégèd
   of?
Tâ mutarda fané ?

Français	Volof
La voici.	Mungi.
Il y a une bouteille devant vous. Servez-vous vous-même, et n'ayez pas de fausse honte.	Butél angok ți sa kanam. Dél tanb sa bopa, té bu ți rus dara.
Donnez-moi de l'eau, s'il vous plaît.	May ma ndoh, lél.
Mettez la carafe près de monsieur, et ne laissez pas les verres vides	Tégal ndoh mi ți vêt i và di, té bul voța goblét yi ñu gața.
Donnez-moi encore un peu de pain.	Dotaléti ma ți mburu mi.
Voulez-vous un peu de ce rôti ?	Di nga nangu tûti ți vada vilé'm?
Voici un morceau qui vous plaira.	Dogit bilé di na la néhi.
Aimez-vous le poisson ?	Sopa nga dèn am?
Oui, je l'aime beaucoup	Vâv, sopa nà ko lôl.
Il est délicieux.	Mô néh.
Voulez-vous de la sauce avec votre poisson ?	Bega nga *sôs* ți sa dèn vè'm ?
Non, je préfère de l'huile et du vinaigre.	Dêt, divlin ak binégar a ma ți genal.
Voici les burettes.	Défukay am vàngôk.
La salière est là.	Horomukay bâ'ngi.
Prenez garde de mettre trop de piment, car il est fort.	Bul dêf lu baré ți kani gi, ndégé tanga na lôl.
Marie, emportez ce plat et apportez-en un autre.	Mari, tégil *plat* bilé té indi bénén.
Donnez une assiette à monsieur.	Dohal và di *asèt*.

Yoyé.
Entisu uyu di hakil
i nah ufêngoro hukoy
i ban dakum sû vah
o vah.
Usèn'om mahindo do
ba sumé i.
Unèn mahind' amu di
karab ata aïn av, ban
dakum ukat sigoblèt
asu silako tikor.
Uñakénul'om mili d'éfor
ay.
Fan ugar datita mili
d'élû ay yan kussoro.
Hufarèn abu hunhé fan
husum i.
Du fañé évol.
Ahé di fañ ol ger.
Kasum.
Du fañé kasos di si-
val asu.
Sé, divlin di binégar
éhang kasum'om. (bu.
Bukanum bata sô bom-
Ekanum musis amu uyé.
Dakum ukan vah-a-fa-
mé d'éméliukèn ay
mata susuf dakut.
Mari, ufurèn plat ay
yé ban du garuf yaké.

Udi aïn av asiet.

Ohéy.
O môn oléy pâm of. Na
hafâ bôh of tô ba
séd tên tus

Ndèg ti'um fôfi.

Yipi fôf lé pâm o koé,
tô ba vâs a koblèt
aké dé mboy.

Davandahin âm o gaf
olé.
Dangkiro tutuñ mbudâk
néné ?
O dèg oléné han a fêl
ong, fogum.
Fêhâ lip ondi ?
Io, fèh-âu-um a pâh.
A fèla lôl.
Bugâ kutûru fa ndutûñ,
o fokat fo lip of ?
Bara, fo nèv na arên fa
binégar modan'aham
Yipir dèn kèy.   tên
Témadir ké-kéy.
Ba yip mayu na tuba-
kâni fañé, lâm a su-
ma lôl.
Mari, dônti *bôl* oléné
tô at o lakas.

Tohi koé o *bôl* o dèb.

Français	Volof
Je vais vous servir un morceau de ce poulet.	Mangi la dogal ļi ganar gilé.
J'en accepterai un petit morceau, seulement pour le goûter.	Tûti réka lâ ļô del, ndah ñam ko dâl.
Maintenant une tranche de ce gigot et un peu de salade ?	Lu nëv ļi lup i har bilé nak, ak tûti ļi salad si ?
Merci, monsieur, j'en ai assez vraiment.	Derédef, suma vây, doy-lu nâ ļa dega.
Desservez, Marie, et apportez-nous le dessert.	Tègil, Mari, té yob nu *désèr* bi.
Faites passer le dessert	Dohèl *désèr* bi.
Prenez cette pomme.	Delal *pom* bilé.
J'en prendrai seulement la moitié.	Gêna vala gi réka lâ di nangu.
Desservez, et apportez-nous le café.	Tègil té yeb nu kafé gi.
Donnez-nous les liqueurs, et préparez tout pour le thé.	Doh nu litor yi té dagal lépa ndah duté di.

<hr>

Avec un médecin.

Ak fadkat.

Français	Volof
Je suis indisposé depuis quelques jours.	Fan yilé vép suma yaram nêhul.
Où sentez-vous du mal ?	Fan nga yeg mélit?
Par tout le corps.	Ti suma yaram vépa.
J'ai un grand mal de tête.	Suma bopa defa mété mèti.
Je sens des douleurs dans l'estomac.	Suma bir dèfa dompa bu mèti.

Diola	Sérèr
Indé'mu difarèn i d'é-manduk'ay yé.	Mé dégank'ang na ṭók aléné.
Datila démé gar to i-dakèn baré.	Ha n'dang tèn tuṭuñ ndah ñim in rèk
Datila di hubong yéta édamèn ay élulum ay di datit di salad ay?	Tuṭuñ ahin na târak mbâl né, tô ñim a-hin na *salâd* fané?
Sali, di faméné keng, mahlagèn.	Dókandal, o kôr ès, doy-dôhhâm, ndigil môs.
Mari, ufurèn, ban ugar oli, *désèr* ay.	Donti, Mari, tô bisid a in a ñàm a paktu lé.
Udièn *désèr* ay.	Tôhti ñàm a paktu lé.
Ugar *pom* av.	Dangi *pom* oléné.
Kadin kano démé gar.	Ä sèk a lèng alé rèk a dova.
Ufurèn udi oli kafé ay.	Donti, to bisid a in kafé fané.
Udi oli litor ay ban dutokor bo di duté ay.	Bisidi in litôr ké, tô hèmband fop, ndah i mbàg o yèr mbalhat né.

Di asontèn av.	**Fo o pâvâdin.**
Hunak akunké fé, éñil om ésumut.	Tèr ès kâ mbèdar a pé akéné fop. (Tèr oï?
Tay sendié'mu?	Mâ vègâ o domèl nu
Enil om burovofé.	No bâl ès fop.
Huk'om hutéké tékè.	Hôh-dom nâ vara ham.
Har om hukofé kof ger.	O fud ès nâ gula ham a gut.

Français	Volof
Je puis à peine me tenir debout.	Menu mâ tahav lu näv sah.
Cette maladie m'affaiblit beaucoup.	Der bi névlo na ma lôl dôlé.
La nourriture vous plaît-elle ?	Ñam di na la saf am ?
Non, j'ai envie de vomir tout ce que je mange.	Dët, té lu ma léka, bega ko volu.
Etes-vous sujet à ces maux ?	Ndah faral ngâ yeg der bobu li yov ?
Point du tout, c'est la première fois que j'en suis atteint.	Dédët, béna yon bangôg, mu mes mâ dal.
Quand est-ce que ce mal vous a pris ?	Kañ la la dal ?
Aujourd'hui même.	Téy sahsah.
N'en avez-vous rien senti hier ou avant-hier ?	Yégu la li dara démbà'k berka démba ?
Rien, absolument.	Dara bé dara dëb.
Qu'avez-vous mangé aujourd'hui ?	Lò léka téy ?
Je n'ai rien mangé.	Léku ma dara.
Montrez-moi votre langue.	Von ma sa lamêñ.
La langue est chargée.	Lamêñ vi sëtul.
Donnez-moi votre bras.	Doh ma sa loho.
Le pouls est agité.	Dérèt di yengu na.
Vous avez la fièvre.	Da ngâ fébar.
Qu'ordonnez-vous, monsieur le docteur ?	Lan ngâ ébalé, doktor ?
Vous avez besoin de prendre une purge.	Sobla ngâ nandalu.

Diola	Sérèr
Iylat kahino datit.	Vâgîn o gènôh kâ modna nèv sah.
Kasumut aku kuban om sémbé.	O domél olé fagdanda bam tak.
Sinang sisumé i sum?	A ñâm a nang'âm o safâ?
Sé, vah van démé tèñ di fañ kamas vo.	Bara, tô nu ñâm-a-ñâm n'bug o vasil.
Va kasumut akunké kuliéli unkó doké i?	Mérâ yégâ o domél olèn na vo?
Sé, butjar konku dukudok'om.	Bara, a laf a étând alé lé mos-aham-a dâv aléy.
Nay kudok i?	Mban o domél olèn a dâv ong?
Sièt eyé.	Hani mat-o-mat.
Udukénut di ko vah-o-vah hukèn di hukénum?	Yégiro tèn tus fak fa fédéfák?
Duf idukénut vah-o-vah.	Tus bô tus a fag.
Vah duléñé sièt?	Ha ñâmo hani?
Héñut vah-o-vah.	Ñâmim tus.
Uïs om hulélunf i	Laf'âm délèm of.
Hulélunf i hutigénitigéni	
Usèn'om kagèn i.	Délèm lé rodga.
Hasim ahu hugororé.	Tôh'âm o bay of.
Du sumut sumut.	Fooy lé yonôha.
Va dulobé kudi om.	Hôh dom dam ong.
Assontèn av?	Ha héblito, pâvâdin?
Av'mé dugéléné bubun batéy'mu har.	Sohlaâ yérnah.

Français	Volof
Il faut envoyer chez le pharmacien.	Yonèl fa défarkat i garar
Voici ce que vous m'aviez envoyé chercher.	Li nga ma yoni vou delê'ngi.
Voici la purge que vous devez prendre.	Naudal bi nga var a del angi.
Puis-je prendre cela après avoir mangé ?	Men nâ kô nân su ma lèké bè sotal am ?
Non ; il faut la prendre à jeun.	Dët, sô lêkulé nga ko var a nân.

MÊME SUJET.

Ti lèna II.

Français	Volof
Comment vous trouvez-vous ce matin ?	Naka nga dèf ti lelek si ?
Je me trouve un peu mieux.	Lolu baré na.
Avez-vous bien dormi ?	Nèlav nga bu bâh ?
Je n'ai rien dormi, la toux m'en a empêché.	Nélavu ma tus, sehet bê ma ko téré.
C'est surtout la nuit que je tousse.	Gudi lâ gen di sehet.
Vous avez besoin d'une saignée.	Var nga gadalu.
Avez-vous des sang-sues ?	Am nga i vâtar?
Il faut vous en poser une sur le côté.	Sohla nga ñu tèg la ko bèna ti vêt.
Croyez-vous que je sois dangereusement malade?	Défé nga né der nâ bu mété'm ?
Non. Mais vous avez besoin de vous soigner.	Dët. Vandé var nga topato sa bopa.

Uboñ bala kakanénum bubun ba téynému har
Vahan duboñénumu ka-garul uvé.
Bubun bantéynému har ban domo gar b'ombé,
Va diylo kahindo bo, firé indé baténé ban ?
Sé, uténul'mu duyli kahindo bo.

———

Lulti ma no kêhéband n'têh ka.
Ké luld-aham-óna ho-tik ohéy.
A yérnah alé hélôna dang aléy.
Ndah vag-ân-um o yér vá n'ñáma bô dut ?
Bara, yà ñâmafulérôna hél-an-o yér.

———

Di yayi.

———

Bu dukané di budum ayé

Di koyé daké.

Du goté dôn.
Igotul tûf, ékîm ay é-génum om igotum.
Di huk dihangemu ma-kîm'u.
Kafurèn hasim kuġélèni.

Du badé balîl ?

Du géléné kukan yano di kahëh i.
Va, donsèn manté kasu-mut akunké fan kuyli kulufèn om ?
Sé, baré duylo sontèn hukoy i.

Lèng ké.

———

Nâ fio mbéfét né ?

Kên a maya tên.

Dánâ pâh ondi ?
Dánîm tus, okotah ké mbañta ham o dân.
O yéng modum o oko-tôhâ.
Hélâ gadu.

Ndah dégâ tokat ?

Sohlaâ humnél lèng no sâh.
Ndah diram-a-dir do-mu, fóg-an-o ?

Bara. Ndâ hêlâ vâs yîf nu hôh of.

Français	Volof
Pourrai-je manger quelque chose ?	Men na má léka lef am ?
Quand vous aurez de l'appétit, mais vous aurez soin de ne prendre que des aliments légers.	Só hifè, vandé bul léka lul nâm vu voyof a voyof.
Que devrai-je boire quand j'aurai soif ?	Lan lâ di nân su ma maré ?

Pour engager un domestique.

Ndah binda bekenég.

Français	Volof
Monsieur a-t-il besoin d'un domestique ?	Ndah suma tubab dèfa ût bekenëg bu mu binda?
Oui : mais je cherche un homme bon et fidèle.	Vâv, vandé nit ku bâh té taku lâ di ût.
J'ai été deux ans au service de M***	Déki nâ ñâr i at ti ligéy i T***
Pourquoi êtes-vous sorti de chez lui?	Lu la ta dogló ?
Il a quitté le pays et est retourné en France	Dèfa dog deka bi té ñibi Tugal.
Mais il m'a laissé un certificat, le voici.	Vandé bindal na ma kaït i ngerem, mungi.
Parlez-vous quelque langue européenne ?	Déga nga ti lâk'i tubab yê'm ?
Je parle le français et l'anglais, en outre je comprends assez l'espagnol et le portugais pour entendre ce	Di nâ léka faransé' k angalé, té itam déga nâ lu ma doy ti español ak portugés,

Va diylo, firé katèñ vah

Butiar budoki'm utèn ; baré vah va yilié.

Va démé hindo humer'- om hobalahbé.

Manté kakint akinor.

Manté elulum om da- fanfañ kakint akinor?

Ahé, baré an asoni ban danab, dagésé.
Dilakéné simit siluba di burok bata T**.
Va ufurèn i to?

Dufufu d'ésuk ay'é ban dat bot. France.
Baré dakintul om kait kata kasum ol d'indé.
Du damé d'élob ay ata élulum firé.
Fan ilob faransé di an- galé, ban fof di damé vah afam om, di ès- pañol, di portugais, ibiyili to kadam va-

Ndah vâgâm o ñâm tig ?

Yâ hêhêna, ndâ ba ñâm lakas a réfangé a ñâm a yéléfu.

Ha n'yérkâ yâ kodom a dam-aham-a ?

A pind buknêg.

O tubâb és kâ vâdâ buk- nêg fanâ té bidna, and- um.
Io, ndâ o kîn o pâhtu tô a fîr n'vâdâ.
Dégâm a kîd a dak n'ta- lél N**
Ha in ong ma ?

Kâ inôh sâté fané tô a hâd Tugal.
Ndâ a bindâna ham kait ugidim, aléy.
Nanâ tig na fa lay nu Tubâb andum ?
Nangâm o lavâ a para- sé fa angalé. tô a tind kèn nanâm il kâ dov- aham-a na ispañôl fo portugès. bó vâg o

Français	Volof
qui se dit et pour me faire aussi comprendre.	bè men a déga la ñu ta vah té men a vah bè ñu déga ma.
Quel âge avez-vous ?	Ñâta at nga am ?
J'ai trente ans.	Am nâ ñèta fuk'i at.
Où êtes-vous né ?	Fan nga dudô ?
Je suis né à Gorée.	Bër lâ dudo.
Naturellement vous comprenez bien le volof ?	Var ngâ déga volof mbôk?
Je parle aussi le sérér, je comprends le peul, j'apprends maintenant le sossé.	Di nâ laka itam sérér, déga nâ pel, té mangé demantu sosé.
Avez-vous beaucoup voyagé?	Dèm nga deka yu baré ?
Oui, j'ai été dans tous les pays où l'on parle les langues que je comprends.	Vav, dèm nâ ti deka yi ñô lâkè lâka vi ma déga yépa.
J'ai été au service de français et d'anglais.	Bekanêgu nâ i faransé ak i angalé.
Montez-vous à cheval ?	Men nga var fas ?
Je suis un cavalier accompli.	Gavar bu suti lâ.
Que savez-vous faire encore?	Lan nga men ati ?
Je sais servir à table, peigner et raser.	Men nâ rapâsu ti tabul, men nâ vat ak darat.
Avez-vous une femme?	Am nga dabar?
Non, je n'ai que dix-huit ans.	Dét ; fuk i at ak durôm ñéta réka lâ am.

Diola	Sérèr
han komo kulob'om ban diylé lob di ku-dam vahan di lobé.	nan kà nâ layé ta tô vâg a lay bô kîn a nan in.
Simit sono sèm dubadé.	A kîd a ponum dégo?
Simit sono euydu kugèn	A kîd karbahay tadik.
Bay dubuki. (dibadé.	Ma rimé?
	Bèr rimém.
Dénsèn dudamé kuvo-lof firé?	Hélà nan a pàfàl mbòg?
Dilobélob fof sérér di damé fof pel, ban indému di kalikèn ku-mandig ay.	Nagâm o layâ sérèr, nanâm a pûful tô mé akatvâ a sòs.
Du dé sisuk samedigé	Ñadà na sâb a mayu?
Ahé, di dé di sisuk asu salobému silob asu san didamú.	Io, rétàm na sâb aké fa lay fané nanûma fop a layé.
Dikinéné an ata français di an ata anglais.	Fukhéhgôhâm faransé fo angalé.
Duylo karabo éfilind.	Ndab o gâgây pis réfo?
Araboa cûmek dém.	Gavàr fa sotu rèfum.
Va duylo fof?	Ha vàgahino?
Diylo burok bata tabul di kavuñ di kallasûll	Vâgâm o rèf ndukân na tàbul, vâg o rûs tô vâg o sañit.
Du badé anaré?	Degâ tév?
Sé, simit sono kugèn di butok di sibedi di-badé.	Bara, a kîd harbahay fa hélâ-tadak rék dég-um.

18

Français	Volof
Oui, ma femme est à Saint-Louis.	Vâv, suma djabar anga fa Ndar.
Elle m'a abandonné.	Dèfa fasé.
Elle est morte.	Dë na, dèfa dë.
C'était une Toucouleur, elle tomba en mon pouvoir dans une bataille livrée au Tidiane.	Tukuler la von, mangi ko dapé von ţi baré ba ñu baré von ak Tidân ba.
Vous avez donc fait la guerre?	Hêh nga mbôk?
J'allais oublier de vous dire que M. Charles, mon maître, avait le grade de colonel.	Hav nâ lâ faté vah né M. Talis, suma sanga, kolonèl la von.
J'ai souffert beaucoup dans cette affaire, je faillis même être tué.	Son'ôn nâ lôl ţa baré bôba, hav nâ ţâ dë sah.
Quels étaient vos gages chez M. Charles?	Lau nga don am fa M. Talis?
Je recevais soixante quinze francs par mois.	Fuk'i derem ak durom lâ dân dol vêr.
Mais depuis que j'ai quitté M. Charles, j'ai acquis plus d'instruction; ce qui me met à même d'être plus utile	Vandé ba ma voţé M. Talis bé tèy, demantu nâ lu barè, lu tah bè ma meu a gen a dériñé
Ce qui veut dire que vous voulez que j'augmente vos gages?	Da nga bega vah né var na mâ doli ţi sa mpèy.
Vous l'avez deviné.	Yâ ko dad.
Quels gages, voulez-vous? (francs.	Lan nga bega ñu fèy la?
Je voudrais avoir cent	Ñàr fuka lâ bega.

Diola	Sérèr
Ahé, asèk'om uma Ndar.	Io, o lèv ès ohá Ndar.
Daisoiso.	Kân a hâda ham.
Dakékèt.	Kâ té hon.
Atuculorèn d'am indé dokul ol di hutik ahu han ditikèn'mu di Tidian.	O tuklôr a rêdu; na ñôh alâ in ñôhordîna fo Tidân ohé damil-au-um.
Tutikéné keng?	Ñohoré mbòg?
Datit di modéné éni Talis amu ahan'om akolonèl dalakéné.	Lata hôm o vêt o lay é Tâlis o kèlfa és kolonèl a rêdu.
Dilemené ger di hutik ahu hunhu, datit dikétèn tô.	Hidam lôl na ñôh alâga, bô tutûñ fañta ham o hon.
Va, du nahéné ubad bata Talis?	Ponum dégègo mâ Tâlis?
Siderem sono kugèn di hutok di nahénèn ibad hulèñ.	A dérèm harbahay fa bélak dégêgum o ngôl
Baré nan dikutimu Talis bô sièt, di likéné vah vamengé, yo idimu, di hang kaseli.	Ndà vá bâfma mâ Tâlis bô ndik, akatvâm mayu, kâ tahna n'vâg o mod o dirîñ o kîn.
Du fanfañ kan di fanèn i di batam i.	Kâ o lala ham nên é hélâm o bât ndafid of.?
Kama av hasun.	Vô mat gomû'n fé.
Va du fañé di tam i?	Ponum bugô rafdèl?
Euy av di fañé.	Karbahay dik bugum.

Français	Volof
C'est trop, je ne donne pas tant.	Baré na, du ma dohé lôlu.
Pardon, ce que je demande est juste, certes.	Balal ma, li ma lâd var na nâm.
Bien, je vous donnerai ce que vous demandez.	Bâh na, di nâ la doh dâl li nga làd.
Je vous donnerai en outre le logement et la nourriture.	Ti suma ker lâ la dekalo itam, té di la doh dundu.
Revenez demain, et je vous dirai ce que vous avez à faire.	Délusil elek, di nâ la vah li nga var a dèf.

PRINTEMPS.

TORON.

Français	Volof
Le temps a changé depuis quelques jours.	Bès vilé yép asaman si nirôtul la mu nèk on.
Le vent du nord souffle dès le matin.	Ngélav i gop a di am ti lelek bé ti ngôn.
Il devient souvent très fort vers le soir.	Di na méti lôl ti ngôn.
Parfois il empêche même les petites embarcations de quitter le port.	Yénaker di na téré gâl yu tût yé géna tôru bi.
Le temps est plus humide.	Ngélav li défa andâ'k tové.
Le vent souffle de la mer. (nent.	Ngélav li gét la bayakó.
Les arbres bourgeon-	Garap yâ'ngé sah.

Diola	Sérer
Mengé lét idi va vu.	Kên a hapa, vég-in-um o lôh-t fop.
Ubonkèt van di géléné ubahut.	Vasan am. ké lâtûma héla dèg mòs
Yo, daké kama fan isèn i fof vahan dugéléné.	A fâha, ha n'tôh ong ké lâtôna.
Déluf om démé kinèn i fof, ban dikumèn i.	Kaltà kèn mbind és o génkà, tò mi nà ga- dôhkâ ñòvir of.
Ulañut kadom fan ilobi vahan domo kan.	Dakvidi fèt, tò ha n'lay ong ké hélòna fi.

Buring abu.	**Sarandam.**
Kunak akunké émit ay élañoré.	A pé akéné asamàn fané suptòha-suptôh,
Ehéf'ay ala nord ay é- lékétèk di budum.	A kéñ no bém Rôg nà héñâtâ n'mbéfét bô no yâr.
Etékétèk ger katim.	A nà domà lôl yârakòr
Egenum égenum nsana ay vatit ay ufur di kasik aku.	Kom a nanga fañtâ kâl a téb aké dé sutôh ndagand né.
Ehéf'ay énaboré énabor d'émon.	A kéñ alé yòna fo a lîm.
Ehéf'ay mandinam éfu- mulo. (kukumb.	A kéñ alé no mâg olé a hatâ.
Ununukèn aku kukané	Tahar ké a sakita.

Français	Volof
Ils reverdissent et se couvrent de nouvelles feuilles.	Ñungê tóy té di sab yénèn hob.
Ils bourgeonnent déjà et bientôt ils fleuriront	Ñungê sab i mèñènt té lëgi ñu tòrtòr.
Il est temps de défricher et de nettoyer les champs de mil.	Gor ak rud dol na.
Défricherez-vous cette année un champ nouveau ?	Ndah di nga gor rèn?
Non, j'en ai défriché un l'an passé, je n'aurai qu'à le nettoyer cette année. (le.	Dët, da ma gor òn dáv, ren da mà rud.
La chaleur est étouffan-	Tangây bi méti na.
Les pluies vont bientôt nous arriver.	Lëgi ndoh làl sùf.
Passerez-vous l'hiver- nage ici ? (Dakar.	Fi ngà navèt am?
Non, j'irai le passer à	Dët, Ndakàru là di na- vèt.
Je ne passe ici que la bonne saison.	Da ma fè nór rèka.
Quand partirez-vous ?	Kañ ngà dèm?
Après la première pluie	Ti ntëbo.
Viendra-t-elle bientôt ?	Ñdah lëgi bet sëbi?
Je ne crois pas qu'elle vienne avant la fin de la lune.	Gemu ma mu ñev bala vei vé dë.
Cependant chaque soir, il y a beaucoup d'é- clairs au sud.	Vandé ngòn gu nèka mélah di na baré ti gòlandu kat.
Hier on a même enten- du le tonnerre.	Démba déga nañu sab mu di denu.

Vin di kankan katod kunukul.

Ké sahtidâ tô a sakidâ a naf lakas.

Vin di kakan kukumb bo miña diurumpén.
Bulib di kañak mahos kuringé.

Ké sahtidâ a lâb tô ndiki dé mbid.
A kol fo a kûr fu ngol a fada.

Va fan ulib hinkil bulib buunkul?

Han o god o kol rénd andum?

Sé, dilibénlib hutim, kafurén mahos baré.

Bara, godâm fagunfâk, rénd kâ n'ngûrkâ sôm

Esum ay éhahak.
Miñé, mahindo dinu gor d'étam.
Hadam labuitoki bahé firé? (om.

A sumân alê doma.
Ndiki té déb môs, fô-gum.
Ménê rigkâ ndi?

Sé, Dakar homo hutok'-
Hulh'ahu baré homohu-tok'om.

Bara, Ndakaru n'rigkâ.
Kâ n'dida mén sôm.

Nay dolodov?
Busol kalub kutiar.
Manté fan élub miné?
Inénut manté d'élub minta hulén ahu hukél.

Mban o rélô?
Yâ té dangna.
Ndig té dang ondi?
Fôgim é han a dang a réfangé yâ ngôl ongé honna.

Baré, katim kano kan émil ay omu dakanka-vid kaméngé di kadin.
Hukén kudaméné kaki-lilén kal émil ay.

Tô kiñañgol aké nâ ma-yâ no bémb Rôg yárakòr.
Fâk sah dûd lé nané.

<table>
<tr><td>

ÉTE.

Voici un village bien désert.

On ne voit personne, pas le moindre bruit nulle part.

Hé ! bonne femme, est-ce que votre village est dépeuplé ?

La première pluie est tombée dans la nuit, et tout le monde est sorti pour semer.

Mais la pluie ne continuera pas, ce que l'on sème maintenant séchera.

Nous semons souvent avant la pluie.

Ce qui nous est arrivé l'an dernier, nous arrivera cette année: on a semé trois fois.

La chaleur est étouffante, il y aura une tornade ce soir.

Quel nuage noir et épais du côté de l'est !

Voici le vent qui se lève, dépêchez-vous, fermez tout, les fenêtres, les portes.

</td><td>

NAVĖT.

Deka bu vėt angi.

Du nu gis kėn. kėn du fi déga dara.

Ėy ! suma digėn, sėn deka bi dėfa rãi am ?

Tėbtė dor na li gudi gi tė ñėpa gėna nañu dii.

Vandė ndoh mi du dem kanam, ii ñô di lėgi di na vov.

Di nanu faral a di bala ndoh a lãl sûf.

Li nu dal on dãv a nô dali rėu, dial on nanu bė ñãr i yòn.

Taagay bi mėti na, di na ngėlanė ti ngòn.

Nir yalė ka tim ta vėt i pėnku!

Ngėlav l angog, gâv lėn ted lėp, falanter yė'k banta yi.

</td></tr>
</table>

Haḍam ahu.

—

Esuk yavé nyé.

Lét nḍuk au ban lét
uḍam vah-ô-vah

Ey aliu'om ésuk ay yo-
lul ékékét fé.

Kalub aku kutiar aku
kalub'mu di buk ahu
ban ésuk ay fé kuḍiö
éyolèn.

Baré mabinl amu lét
muḍov hakil, vahan
kuyolèn'mu miñé fan
ulab.

Ḍiliéli d'éyolèn, mabin-
do matiar amu.

Vah aḍokolïmu hutim
fan ulañèn uḍok oli
hinkil ḍiolénéué nibe-
di.

Esuf ay éruké, éhéfa
yemenk fan abaḍ ka-
lim.

Ululh av uva baḍulim
di karab bau finak
alu fifumé umu.

Éhéfy uyu, dikau fap
dikihl, suḍé asu di
hubilh av.

NDÎG.

—

Sâté fa yungu fauéy.

O léng nangèr o féña,
tus nangèr o nanvâ o
mbiñ o lèng.

Héy! o tigén és, sâté
fané nôn a ray-a-rây
andum ?

Ngang né yénn o yéng
olé, tén tahu bô vin
vé fop a sutôh a nḍû-
fik.

Ndâ a téb alé ḍofké
pàm, ké nà dûfé ndi-
ki han a vér

I méra nḍufa tô Rôg
fané débafulèr.

Né na fagunfâk a réf-
kâ, vin vé han a nḍûf
bô a ḷaf a tadak.

A sumàn alé doma, han
a ur a domu yâr olé.

El lana un batan né sô
nibâu tô balig !

A kéñ alé faḍiḍa fé,
ñofio mbég fop, a pa-
lantèr aké fo fokand
ké.

Français	Volof
Quelle tempête! le vent soulève la poussière jusqu'aux nues.	Ngélâné lê ' ka méti ! ngélav l 'angê ékati penda bi bê ta nir ya.
Voyez là-bas ces aissantes qui volent dans l'air, le toit de cette case est tombé.	Gisal i singal yalé di nâv, dénk'i nég balé dânn na.
Qu'il fait sombre !	Mô'ka tîm !
Quels violents coups de tonnerre ! ils se succèdent avec une rapidité effrayante.	Yi denô'ka méti ! ñungê topanté bu gâv-a-gâv.
	(halo.
Les éclairs m'aveuglent	Mèlah yâ'ngi mâ silma-
Quelle traînée de lumière ! la foudre est tombée dans la mer.	Bâ mèlah aka guda ! denu bi danu na ti gët.
La pluie continue depuis trois jours.	Ñèt' i fan yilé yépa mungê tav.
Tout lèvera bien, le mil le maïs, la pistache.	Lépa di na sâhi bu bâh dugub di, mboha mi, ak gèrté gi.
On a commencé à sarcler le mil.	Béy nañu dèg.
Le temps est favorable, le soleil fera sécher les sarclures.	Asaman si bâh na, nad vi di na vovló sèh yi.
Les pluies sont trop abondantes, l'eau est stagnante dans les champs.	Ndoh mi baré na. bê di tâ ti tôl yi.
Ce sera bon pour les champs de riz.	Di na bâhi lôl ti tôl i malo yi.
Le mil ne pousse pas bien, les feuilles jaunissent.	Dugup di du sah bu bâh, hob yangâ vov.

Diola	Sérèr
Ehéf'ay ban d'éruk éhéf ay éfuménému bafor a-lu bo batia ululb ay. Uduk singal ay uya ya iléma, kassond kata éluf ay uya kuloyé.	A ur aléké doma bó! a kéñ alé hé yodâ fo ut olé bô tôk Rôg. Déti a singal akâna na yétâ, o log a ndôk aléné vata.
Ban délim. Kalikilén kunké ban dukuséndi nakunabor ţap ţap. (kufum om. Kavid kata yo unku du-Kavid akunka ban du-kubal. hunir abu hu-loé mandinam. Kunak aku kubedi a kunké yoyu di kalub, Vaha'v fé fan ulibli don, bassit abu kusit aku égérté ay. Umbaku d'ékit éyañ ay.	Tèn sô nibân! A dûd akéné sô dom! dé ndefatirâ ndak ţo ndak. A kiñangol aké a nirà'm Olâna hiñangol sô di-gid! dûd lé yéna no mâg olé. A téb alé yéna pé a ta-dak akéné fop. Han fop a sah a pâh, kaf ké, parsin ké fo gèrté fané. A kôh a ropé yâga.
Emit ay édaké, banak abu fan bulabèn va-han duvañ'amu. Kalub aku ruké mahind amu umégéné hublak ay gaydo mulako do.	Asamân fané mosa, han ndéd né vérand o vir olé. A téb alé maya bô fa ngol né fop a mb a mbêl a léng.
Emit ay édaké d'émano ata hublak ay. Basit abu lèt bulihl don étod ay uyuné boléné'-mu.	Han a fah na sèmb aké na mâlo fané mat. Kâl ké sahaté tô a namb aké fop ţoy a mbiu.

Il commence à épier, à fleurir.	Mungé foḷi, mungé tor-tor.
Bientôt il sera temps de chasser les oiseaux	Légi bib pifa dot.

AUTOMNE.

LOLI.

Bientôt notre maïs sera mûr.	Légi sunu mboba ñor.
J'ai deja mangé un épi de maïs grillé.	Léka nà dég gub i mbo-ha bu ñu sàf.
Les enfants l'aiment beaucoup.	Halél ni bega nañu ko lòl.
On a récolté le petit mil	Gob nañu dég suna.
On va commencer à plier les tiges du gros mil.	Légi ñu rogoḍ basi.
J'ai vu de bien belles grappes.	Gis nà gub yu rafèt lòl.
Tout réussit cette année, le mil, le riz et la pistache.	At milé nangu na lòl, mu di dugub, mu di malo ak gérté.
Les pluies diminuent.	Ndoh mangé vañiku.
Les champs se dessèchent promptement.	Tòl yangé vov bu gâv.
La chaleur est toujours accablante.	Tangay b'angé mètèndi.
Les fièvres ne sont pas nombreuses cette année.	Fébar baréul rèn.
Il y a peu de malades.	Ñi der nèv nañu.
Les moustiques me font bien souffrir la nuit.	Yo vi da ñu ma gétén lòl ḷi gudi.

Diola	Sérèr
Uyu kafurèn butiar, uyu d'ékau bakésé.	Kâf ké sulta, a ngumayo
Miñé dudal éfoy bafit abu.	Ndîki a târ a fad.

Sikotong.

SÊK.

Miñé kusit olal di kank.	Ndîki pursin in a mbòr
Di téñéné kukumb ata busit ban kusoé.	Dahâm mbursin yâga.
Bañil abu kufañ-ô-fañ dakut. (abu.	A tébandong akô mbéha dèn lôl.
Kulinkété kuban basit	Pôd ké sahadé yâga.
Miñé di kukuf basit abu	Basi fané ndîki té rogodél.
Di duké bukumb hadaké ger.	Gaâm a yab a mosu mos
Emit ay ata hinkil ésomièn souièn ger, basit d'émano d'égèrté.	O hid olénê daba fop té réf kâf, té réf malo, mbât a arên.
Kalub aku kufuntulé.	Fôf lé hé vâdvâ.
Huhlak av uvudulab di mahiré.	Fu ngol néké tôg a mbèr mé dé ndéfna.
Hasuf abu unhu buhékému.	A sunân alé bô ndik a mâda domâ.
Kasumut aku kumèngut hinkil. (mèngut.	A kôh-a-dom mayé rénd.
Bukan kasumut'un ku-	Bâd vé mayé môs.
Babuk abu bulemén um di huk.	Bôk ké nanga ham o ngéténdâ lôl o yèng

Français	Volof
Ils m'empêchent de dormir.	Da ñu mâ téré nélav.
En me levant je me sens aussi fatigué qu'en me couchant.	Su ma èvô, da ma lota ni ba mâ teda.
Avez-vous déjà mangé des *Conis* ?	Nâu ngën ḍëg könô'm ?
Quel est ce fruit ?	Dom i garap gilé ḍau la ?
C'est le jeune fruit du rondier.	Dom i ron la.
Il contient une eau très rafraîchissante.	Ndoh mu nêh a ṭi néka.
Aimez-vous les fruits des arbres de la forêt ?	Sopa nga dôm i garap yi ṭi ala bê'm ?
Ils commencent à mûrir	Ñungê dôr di ñor.
La moisson est bientôt achevée.	Ngôb angâ sutisi.
Les hommes préparent leurs greniers.	Nit ñâ'ngè ḍagal sèn i saha.
Avez-vous un nouveau grenier cette année ?	Am nga saha mu ês rên
Venez m'aider à mettre le mil dans mon grenier.	Dikal, sadalé ma.
Mon riz n'est pas encore assez sec.	Suma tôl i malo ñor angul
Que dites-vous de votre moisson ?	Lo vah ṭi li nga gôb ?

Diola	Sérèr
Nah bugenum om igo-tum.	A mbañta ham môs o dân.
Dolivo'nu divoyok dôn nan dibinto'nu.	Hid lé n'vondôhtâ tèn n'yôkôhtâ mbéfèt.
Manté ditéñé diban si-vundak asu ?	Nu ñimé ful a kûni ?
Añil ata ununukén un-hé vama ?	O bi oléné, ginum nda-har dégû'n ?
Yal.	O bi no ndof ô.
Mahindo masumé mon do.	Fôf fo bûbu réfu tèn.
Dufañé kuñil kata ku-nunukèn aku kata d'é-hémba ?	Féhâ a bi aké nu tabar ké na kob alé ndi ?
Unku di kukit kundunk.	Aké sogâ mbôrid.
Elinkét ay uyu débav	A sahad alé hé pagîdâ.
Bukan aku umbuku di kutokor siluk il ?	Vîn vé tôk a kémband tap dèn a ndéfu ndi-ki.
Dubadé siluk siunkul binkil ?	Dégâ ndap ngas réad ?
Ubil urambèn om inén éman om di siluk om.	Gari, dimlé' âm a kêr.
Kallak aku kumbom ka-ta éman ay kandun-korut.	A sémb mâlo és fôra-fulèr.
Manté hukov ul kusu-mé d'élinkèt ay ?	Nâ layo nu ké sahadô-na ?

HIVER.	NOR.
Que j'étais pressé de voir la bonne saison.	Mâ'ka yakamti on nor bi.
Les pluies ont cessé depuis longtemps.	Navèt vata na bu yâga' ngi.
Cependant l'herbe est encore verte.	Vandé ñah mángi toy-andi.
Le vent d'est l'aura bientôt desséchée.	Légi mboyo mi vovlô ko.
J'aime beaucoup ce vent il est frais.	Sopa nâ ngélav lôlu lôl, defa fèh,
Il nous repose des chaleurs étouffantes des mois passés.	Dèf no nopal ti tangay i vêr yi véy.
Le vent d'est est parfois très chaud et dessèche tout.	Mboyo mi di na tanga yénakèr bé di vovlô lu nèka-
Mais la brise du soir en vient tempérer l'ardeur brûlante.	Vandé *bris* i ngôn gi di na ko séral.
La forêt est tout en feu	Ala bâ'ngê taka.
Quels nuages de fumée ! Quel incendie !	Sabar salé'ka méti ! dây bê ka méti !
On a mis le feu aux herbes sèches.	Da nô laka ñah mu vov mi
Qui est-ce qui a allumé cet incendie ?	Kan a lâl bi dây ?
Ce sont les chasseurs qui veulent nettoyer le terrain.	Dana yê bega sétal ala bi.

HUHLE.	**DÎD.**
Indé dilurikéné huhlé ahu.	Tayám ḍid né bô and-aḍm.
Haḍam ahu hubavalié.	Ndîg a fá'a yâga.
Baré mukav amu mu-rongé dimudobi.	Ndâ bô ndik dâd lé ma-da hubâ.
Miñé éhéfay d'élabému.	Ndiki mbóyo 'ngé vér-nôr in.
Di fañé ger éhéfay uyu édobiḍobi.	Féhâm a kéñ alên lôl, lám kân a bûb.
Eyihéh oli yihén d'ésuf ayu yaṭa huléñ kun-ka kakèt' mu.	Kâ ñôṭná in na sumân alé na kôl a pafu ké.
Ehéf ay fan énah ésu-fén ban énah élabéw vah av fé.	O mbóyo 'ngé nâ sumâ kom bô a vérandâ nu giôna.
Baré éhéfa aṭa aṭa mandinam fan éhéfén yo d'étim ay.	Ndâ ñilmâu yârakôr né nâ'n o bayandâ.
Ehémba élliké.	A kob alé kaba bilit.
Hakor ahu burnké! sam-bun asu saṭa d'éhém-ba siruké.	Fo sûn olâna kuk a fiu o ñây olâna só dom!
Umbuku di kurokotén' mu mukav mu ma-saymu.	Dâd bèru lé nâ dohé.
Aᵧ ma arokoténé sam-bun asu saruk miñé?	An dohnu o ñây oléné?
Kufumbèn buko kufañ mu kavu éhémb ay.	Andâm é dana vé mbu-gu ngôland a kob alé.

Français	Volof
Le feu n'est pas loin, car les étincelles en viennent jusqu'ici et couvrent la terre.	Day bi soréyul, ndé mérñènt yàngilé di dânu té di mûr sûf si.
Il peut être loin d'ici, car le vent emporte les étincelles fort loin.	Men na fé soréy kat, ndé ngélav li di na yobu mérñènt yi fu soréy.
Ces incendies sont très nuisibles aux arbres.	Day yi ây nañu lôl ţi garap yi.
La terre est très sèche, l'eau diminue dans les fontaines.	Sûf sa'ngi vov kondoñ té ndoh mi di vañaku ţi tên yi.
Les bêtes sauvages doivent bien souffrir de la soif.	Défé nâ rab i ala bi sona nañu lôl ndégé mar.
Elles ont à craindre les chasseurs, qui les attendent auprès de l'endroit où elles vont boire.	Da ñô ragal dana yi lèn di nèg ţi béré yi ñô nânsê.

Sambun asu sileynut
kaña labun aku unku
kubilénu bó babé un-
ku kulumèn kuhimén
élam ay.

Sambu asu nakému si-
leny leynu, éhéfa éylé
égarul kañalambèn a-
ta so bó babé.

Sambun sunsu siḍakut
di kunumukèn aku.

Etam ay élabé mahinḍo
amu umu dimufunṭulo
di sisabun asu.

Nakému sindukurèn asu
sata éhémba, mahin-
ḍo amu fan umuk só

Nakému sikolikoli ḱu-
fumbèn aku kaméfes-
somu di sisabun asu
babilé mahinḍo.

Tô ñây olé godé dé,
lâm a méldând aké
nâ mbadîdâ bó méné
tô a mûrâ lang ké fop

A vâga god mên fé,
lâm a kéñ âlé nanga
bisâ a méldand n'o
mbiñ o ngodu.

A ñây aké moḍu mba-
riḍ n'tahar ké fé.

Lang ké konġ a mbiu,
fôf lé ohé vâḍvâ.

Pâfâl na kob alé tô mé
dé ndéfna, a ngéla
ngiḍ lam a kodom.

Ká sadar, lam ḍana
vé nà ṭungâ dèn mé
dé yértâ.

TABLE DES MATIÈRES

VOCABULAIRE.

CONJUGAISONS.

PHRASES ÉLÉMENTAIRES.

Imprimerie de S. Joseph de Ngasobil
(Sénégal)

www.ingramcontent.com/pod-product-compliance
Ingram Content Group UK Ltd.
Pitfield, Milton Keynes, MK11 3LW, UK
UKHW022103120726
13694UKWH00001B/310